D1878017

रवीन्द्र भारती

कवि एवं नाटककार। आपकी प्रकाशित कृतियाँ हैं—'जड़ों की आख़िरी पकड़ तक', 'धूप के और क़रीब', 'यह मेरा ही अंश है', 'नचनिया', 'नाभिनाल' और 'जगन्नाथ का घोड़ा' (कविता-संग्रह); 'कम्पनी उस्ताद', 'फूकन का सुथन्ना', 'जनवासा', 'अगिन तिरिया', 'कौआहंकनी' और 'हुलहुलिया' (नाटक)।

आपकी कविताएँ कई भाषाओं में अनूदित हुई हैं। नाटकों के भी अनेक मंचन हुए हैं जिन्हें रंगकर्मियों और दर्शकों, सभी ने सराहा है। 'कौआहंकनी' नाटक पर फिल्म भी बनी है।

सम्मान और पुरस्कार : बिहार राष्ट्रभाषा परिषद का 'विशिष्ट साहित्य सेवा सम्मान', 'दिनकर सम्मान', मानव संसाधन मंत्रालय, भारत सरकार से सीनियर फेलोशिप।

सम्पर्क : ravinderbharti12@yahoo.com

हुलहुलिया

रवीन्द्र भारती

राधाकृष्ण पेपरबैक्स

राधाकृष्ण पेपरबैक्स में
पहला संस्करण : 2023

© रवीन्द्र भारती

राधाकृष्ण पेपरबैक्स : उत्कृष्ट साहित्य के जनसुलभ संस्करण

राधाकृष्ण प्रकाशन प्रा. लि.
जी-17, जगतपुरी
दिल्ली-110 051
द्वारा प्रकाशित

शाखाएँ : अशोक राजपथ, साइंस कॉलेज के सामने, पटना-800 006
पहली मंजिल, दरबारी बिल्डिंग, महात्मा गांधी मार्ग, प्रयागराज-211 001
वेबसाइट : www.radhakrishnaprakashan.com
ई-मेल : info@radhakrishnaprakashan.com

बी. के. ऑफसेट
नवीन शाहदरा, दिल्ली-110 032
द्वारा मुद्रित

मूल्य : ₹199

HULHULIA
Play by Ravindra Bharti

ISBN : 978-81-959484-0-6

अपने आत्मीय

पंकज त्रिपाठी को जो

बेमिसाल अदाकार के साथ बेहतर इनसान भी हैं।

आधुनिक काव्यात्मक नाटक

रवीन्द्र भारती लगातार आदिवासी जनजातियों के बीच घूमते रहते हैं। उनके साथ उठते-बैठते हैं। उनकी जीवनशैली, मान्यताओं, परम्पराओं, उनके शोषण और समस्याओं से सीधे साक्षात्कार करते हैं।

सिर्फ़ संवेदनशीलता, कल्पनाशीलता और अध्ययन ही नहीं, बल्कि रवीन्द्र जी के अनुभवों की उपज है नाटक 'हुलहुलिया'। वर्ष 2019 में जब उन्होंने इसे लिखा था तब सबसे पहले मुझे ही भेजा था। नाटक ने मुझे बहुत प्रभावित किया। मैंने लखनऊ में अपनी संस्था नीपा रंगमंडली के कलाकारों के साथ बैठकर इसे पढ़ा। सभी बहुत उत्साहित हुए। पूर्वाभ्यास प्रारम्भ हो गया। किन्तु दुर्भाग्य! बमुश्किल पन्द्रह दिन हुए होंगे कि कोविड के कारण पूर्वाभ्यास रोकना पड़ा। और फिर तो लॉकडाउन ही हो गया। रंगकर्मी भली-भाँति इस बात को समझ सकते हैं कि लम्बे व्यवधान के बाद नाटक को दोबारा शुरू करना कितना मुश्किल होता है। खैर...। बाद में पटना में इसे खेला गया। मेरी जानकारी में है कि प्रस्तुति बहुत अच्छी हुई।

'हुलहुलिया' किसी जनजाति विशेष का नाम नहीं है, बल्कि सभी विलुप्त प्राय: जनजातियों का प्रतिनिधित्व करता हुआ एक काल्पनिक नाम है। ये भी कह सकते हैं कि 'हुलहुलिया' उन सभी की पीड़ा को सामने लाता है, जिनके मन में डर समाया है कि समुचित कागज-पत्तर न होने पर उन्हें देश की नागरिकता से वंचित करके घुसपैठियों की श्रेणी में डाल दिया जाएगा।

नागरिकता की समस्या तो नाटक का मुख्य विषय है ही, रवीन्द्र भारती अपने लेखकीय कौशल से अन्य विषयों को भी उतनी ही प्रमुखता से साथ लेकर चले हैं। जनजातियों का प्रकृति प्रेम, प्रकृति के साथ उनका जीवन्त सम्बन्ध, उनका

गीत-संगीत, उनका पाखंडविहीन और कलात्मक कर्मकांड, उनकी लिपि, भाषा, संस्कृति और स्वयं उनके विलुप्त हो जाने की चिन्ता, वासनामय निकृष्ट प्रेम के समक्ष निःस्वार्थ और शुद्ध प्रेम, पूँजी का निष्ठुर स्वार्थी चरित्र, पूँजीपतियों और राजनेताओं द्वारा जनजातियों का शोषण, उनके हक की बात करने वाले बुद्धिजीवियों और समाज सेवकों को नक्सलवादी बताकर प्रताड़ित करना, देशद्रोही बताकर जेलों में ठूँस देना, पूँजीपतियों, राजनेताओं और प्रशासन का भ्रष्ट गठजोड़ आदि न जाने कितने विषय नाटक की कथा में इतने सहज ढंग से पिरोए गए हैं कि आरोपित कतई नहीं लगते।

नाटक के पूर्वरंग का गीत घुँघरुओं की थाप के हिसाब से लिखा गया है। पढ़कर ही नाचने का मन करता है। और गीत के शब्द तो बहुत ही मधुर और गहरे अर्थों से भरे हैं।

हाँ रामजी, हाँ रामजी
हाँ रामजी, हाँ रामजी...
अन्न उगाया खेत...

यानी खेत, मन, पानी, पेड़, पौधे, मुस्कान, आदि का कोई नाम नहीं होता। पहले अंक में छोटे लामा कहते हैं कि जीवनदायिनी शक्तियाँ अपने नाम को छिपाकर रखती हैं। वे सबकी हैं, सभी देश-दुनिया की हैं। और यह विचार सिर्फ़ पूर्वरंग में ही नहीं है बल्कि नाटक के समापन में भी मौजूद है। कहलूकहाले की बरसों की मेहनत, मनन-चिन्तन से लिखे गए ग्रन्थ के लेखक के रूप में उसका नाम नहीं है। वह कहता है 'लिखने का अर्थ है कि लिखे हुए शब्दों की आवाज़ दुनिया के कोने-कोने में पहुँचे।...क्या फ़र्क़ पड़ता है कि किसके माध्यम से पहुँच रही है।' हुलहुलियों की खुशी के लिए इतना बड़ा त्याग करने वाला कहलूकहाले मुझे जीवनदायिनी शक्तियों के जैसा ही लगता है। उसे नाम की परवाह नहीं है।

पात्रों के नाम रखने के पीछे भी लेखकीय दृष्टि है, मन्तव्य है। हुलहुलियों के नाम अलग तरह के हैं। 'अथी', 'अरे' और 'नान्ही' जो मात्र ध्वनियाँ हैं, जिनके अर्थ नहीं हैं। 'चरनी' और 'समुझ' नाम से ही ग्रामीण सेवक वर्ग के लगते हैं। छोटे लामा, बुद्ध की दया करुणा से भरे हुए। अन्याय के विरुद्ध जिस तरह प्रतिकार करना चाहिए, वह साहस नहीं है उनमें जिसे वे खुद भी स्वीकारते हैं। अंत तक आते-आते कहलूकहाले में छोटे लामा को बुद्ध दिखाई देते हैं। पन्था वह राजनेता है जिसका एक ही पंथ है—सत्ता। जाकिटवाला बड़ा पूँजीपति है जो राजसत्ता और

प्रशासन दोनों को अपने नियंत्रण में रखता है। उपान्त चोचे पूँजीपतियों और राजसत्ता की कठपुतली एक रीढ़विहीन गैंडे जैसी मोटी खाल वाला घूसखोर नौकरशाह। उपान्त इसलिए कि उसकी मानवीय भावनाओं का अभी पूरी तरह अन्त नहीं हुआ है। गहरी खरोंच लगे तो उसे आत्मग्लानि भी होती है। पुराने दोस्त कहलूकहाले जैसे सच्चे आदमी का वह सामना नहीं करना चाहता। उससे कहता है—"आप आगे से मुझसे मिलेंगे नहीं। जब भी आप मिलते हैं, मैं सो नहीं पाता। अपने आप से मुझे डर लगने लगता है। नौकरी छोड़ने के लिए मानो मेरे भीतर से कोई उकसाता है। बहुत मुश्किल से अपने को सँभालता हूँ। मैं आपकी तरह नहीं अपनी तरह जीना चाहता हूँ। वह सब कुछ हासिल करना चाहता हूँ, जो बाप-दादों को मयस्सर नहीं हुआ। जिस उपान्त चोचे को आप जानते थे, अपना दोस्त समझते थे, उसे धीरे-धीरे मैंने मार दिया है।"

दृश्य के अन्त में ये संवाद अचानक उपांत चोचे के चरित्र को अच्छे या बुरे से अलग एक यथार्थवादी जिंदा चरित्र बना देते हैं। हम में से अधिकांश लोगों को, जिनके जमीर अभी मरे नहीं हैं, अनेक अवसरों पर यह आत्मग्लानि सालती है। यह दृश्य एक उदाहरण है इस बात का कि रवीन्द्र भारती की मानव-स्वभाव और उसके अन्तर्द्वंद्वों पर कितनी गहरी पकड़ है।

सबसे ज्यादा दिलचस्प चरित्र मुझे मालकिन का लगता है। सवाल उठता है कि जब पूँजीपतियों के प्रतिनिधि चरित्र के रूप में जाकिटवाला मौजूद हैं तो फिर लेखक ने इस नए पात्र मालकिन को रखा ही क्यों? क्या सिर्फ़ विविधता या नाटकीयता बढ़ाने के लिए? यथार्थवादी ढंग से सोचें तो मालकिन क्या जाकिटवाला की पत्नी है? इन बातों को लेकर हमने पूर्वाभ्यास के दौरान काफी चर्चा की और इस नतीजे पर पहुँचे कि मालकिन स्वयं पूँजी है जो पूँजीपति और सारे कार्य-कलापों को भी निर्देशित करने लगती है।

नाटक की संरचना सुगठित है। मुख्य विषय पहले ही दृश्य में प्रस्तुत कर दिया गया है। आगे के दृश्यों में बदलते हालात के माध्यम से कहानी को आगे बढ़ाते हुए पात्रों के चरित्र और उनके अन्तरसम्बन्धों को धीरे-धीरे खोला गया है। दृश्यों में भावों और द्वंद्वों को इस ढंग से पिरोया गया है कि रोचकता बनी रहती है। अन्तिम दृश्य में जहाँ कहलूकहाले को साजिशन गिरफ्तार कर ले जाया जाता है वह क्लाइमैक्स है। लेकिन मैंने सोचा था कि नाटक को यहाँ समाप्त नहीं करूँगा। अन्त के लिए मुझे एक आशावादी उपसंहार की आवश्यकता महसूस हो रही थी और वह मुझे इसी

दृश्य के कुछ संवादों में मिल गया। छोटे लामा और कहलूकहाले के संवादों में—

छोटे लामा : तुम्हारा फोटो मुझे चाहिए।

कहलूकहाले : मेरा फोटो? क्या करेंगे?

छोटे लामा : बुद्ध के पास रखेंगे।

कहलूकहाले : छोटे लामा! न-न, आपके पैर पड़ता हूँ। ऐसा मत कहिए।

छोटे लामा : नहीं भी देगा, क्या फर्क पड़ता है। तू मेरी प्रार्थना में रहेगा।

[छोटे लामा मंच पर अकेले रह जाते हैं। प्रार्थना करते हैं। प्रार्थना के संगीत में करुणा भी है और संघर्ष भी]

दूसरे दृश्य में कहलूकहाले और अरे के बीच निश्छल वासनारहित प्रेम का दृश्य मेरी नजर में श्रृंगार रस की निराली अभिव्यक्ति है। देवताओं के आशीर्वाद की व्याख्या भी अद्‌भुत है। छठे दृश्य में जाकिटवाला का संवाद, 'अगले चुनाव में इन्हें जिस पार्टी की हवा रहेगी, उसी से टिकट दिलाने की कोशिश करूँगा।' विचारहीन और मूल्यविहीन राजनीति को नंगा करता है और 'अरे' का यह कथन कि 'साँप-बाघ से डर थोड़ो लगता है। डर वर्दी से लगता है, कुर्सी से लगता है, आप जैसे बड़े लोगों से लगता है।' बहुत ही मार्मिक है और निरीह जनता की स्थिति को उजागर करता है। सातवें दृश्य में भी चुनाव जीतने के राजनैतिक हथकंडों की एक बानगी देखिए—

समुझ : हुजूर, टिकट बरियार पार्टी से लीजिएगा हुजूर। जिसका विचार बरियार हो।

पंथा : उससे कुचछौ नहीं होता।

समुझ : हुजूर!

पंथा : उन्माद पैदा करना होता है।

समुझ : समझा नहीं।

पंथा : पैसा, जाति, सपना दिखाना ही काफी नहीं है। उन्माद में लाना होता है जनता को।

नाटक में विकास के आधुनिक मॉडल पर भी करारा प्रहार है। आठवें दृश्य में कहलूकहाले का यह संवाद आधुनिक दुनिया की निरर्थक भागमभाग पर करारी टिप्पणी है, 'शॉर्टकट के चक्कर में हम कबीली जिंदगी से निकलकर फिर कबीली जिन्दगी में पहुँच गए। भाग रहे हैं इस शहर से उस शहर—लगातार भाग रहे हैं।'

दसवें दृश्य में रवीन्द्र भारती लेखक, कवि और कलाकार से सामाजिक हस्तक्षेप की अपेक्षा रखते हुए इनके दायित्व को बहुत तीखे शब्दों में रेखांकित करते हैं...

'कहलूकहाले—जी, लेखक का यह भी एक काम है, अन्याय का प्रतिकार।'

लेखक जो समाज से मुँह फेर लेता है, वो माल पैदा करने वाली मशीन से अधिक कुछ भी नहीं। ऐसे संवेदनशील, अपने दायित्व का निर्वहन करने वालों के साथ सत्ता किस तरह पेश आती है, इसका भी खुलासा कर दिया गया है—

'जिलाधीश—सोच-समझकर बोलिए। देशद्रोह के अन्तर्गत जेल में डाल दिए जाएँगे, सड़ जाएँगे। जमानत नहीं होगी।'

'अरे' की माँ की मौत के बाद का ग्यारहवाँ दृश्य तो अद्भुत है। आडम्बरयुक्त पाखंडी कर्म-कांड से बिल्कुल अलग। घुँघरू पहनकर नाचते हुए पितरों को भोग लगाना। कोई व्यंजन-वस्त्र-फल आदि नहीं है। अरे कहती है—

अरे—हम लोगों में सचमुच का नहीं देना पड़ता। कल्पनाओं और संकेतों से देना होता है।

अथी—देने का अभिनय करना होता है।

मुझे नहीं मालूम कि किन्हीं जनजातियों में ऐसी परम्परा सचमुच है लेकिन अगर यह लेखक की कल्पना है तो और भी कमाल है। इन संवादों में रंगकर्मियों के लिए भी एक सबक छिपा है।

इसी दृश्य में बहुत चतुराई से एक रंगमंचीय युक्ति का प्रयोग किया है लेखक ने। पितरों को व्यंजन परोसने का अभिनय, नृत्य और संगीत जब अपने उरूज पर पहुँचता है और छोटे लामा मंत्रमुग्ध होकर, आँखों से झर-झर आँसू बहाते स्वयं भी नाचने लगते हैं, उससे पहले ही इस स्थान की रोशनी अत्यन्त मन्द हो जाती है और अलग स्थान पर छुपकर खड़े पंथा और चरनी पर प्रकाश आता है, वे तन्मयता से इस दृश्य को देखते हुए इसका वर्णन करते हैं। आगे का दृश्य दर्शक मंच पर घटित होते देखने के बजाय वर्णनानुसार अपनी कल्पनाशक्ति से देखेगा। लेखक को इस बात का एहसास है कि यदि दर्शक की कल्पनाशक्ति को जागृत कर दिया जाए तो इस प्रकार के दृश्य वह अपनी कल्पना में अधिक प्रभावशाली ढंग से रच सकता है।

काफी समय से आदिवासियों द्वारा अपने धर्म को हिन्दू धर्म से अलग एक स्वतंत्र धर्म के रूप में मान्यता देने की माँग उठ रही है। तार्किक ढंग से इस विषय को भी बारहवें दृश्य में सम्मिलित किया गया है।

पन्द्रहवाँ दृश्य जिसमें 'नान्ही' विक्षिप्त सी होकर कागज की साड़ी की माँग करती है, उसे पहनकर दिल्ली जाना चाहती है, बहुत ही मार्मिक है।

कागज पूरे न होने पर नागरिकता खो देने के डर से उत्पन्न मानसिक दबाव की भयावहता का चित्रण यहाँ दिल को बेचैन कर देता है।

अब थोड़ा इस नाटक की मंचन शैली के बारे में भी बात कर ली जाए। यह नाटक किसी शैली विशेष में नहीं लिखा गया है। इसमें पूर्वरंग है, कुछ गीत हैं, नृत्य भी है। लेकिन न तो शास्त्रीय शैली में है, न किसी विशिष्ट लोक शैली में और न इसे संगीत नाटक कह सकते हैं। अधिकांश दृश्य, जिनमें संवाद हैं, वैचारिक विमर्श है, यथार्थवादी शैली में लिखे लगते हैं। मेरा मानना है कि इनमें से किसी भी शैली में इसे प्रस्तुत करना इस नाटक के साथ अन्याय होगा। नाटक में रवीन्द्र भारती ने निर्देशक और अभिनेताओं के लिए भरपूर स्पेस छोड़ा है। यह स्पेस उन्हें भटका भी सकता है और कल्पना व सृजनशीलता की नई ऊँचाइयों पर भी ले जा सकता है। इसके मंचन में खतरा यह है कि कहीं प्रस्तुति विभिन्न शैलियों की बेमेल खिचड़ी न बन जाए। नाटक के संवादों में जबरदस्त काव्यात्मकता है। मेरी नजर में यह एक आधुनिक काव्य नाटक है। जिस प्रकार कविता को मंचित करने की कोई निश्चित शैली नहीं होती, हर कविता अलग ढंग से मंचित किए जाने की माँग करती है, उसी प्रकार 'हुलहुलिया' के लिए भी हर निर्देशक को अपनी अलग शैली विकसित करनी होगी। इसके पूर्वाभ्यास के दौरान इतना तो मैंने तय कर लिया था कि निर्जीव वस्तुओं, जैसे कि दृश्यबन्ध और वेशभूषा-मंच सामग्री आदि कम-से-कम रखकर जीवित तत्व यानी कि अभिनेता के माध्यम से ही नाटक को भाव, अर्थ और विचार सहित दर्शक तक पहुँचाने की कोशिश करूँगा। दृश्यानुसार अभिनय शैली विकसित करने का इरादा था जो कथ्य, भाव और चरित्रों के अनुसार शक्ल लेती चले। इस नाटक को करने की मेरी प्रबल इच्छा है। स्थितियाँ थोड़ी बेहतर होने का इन्तजार है।

सूर्यमोहन कुलश्रेष्ठ

पूर्व निदेशक, भारतेन्दु नाट्य अकादमी, लखनऊ
Email : nipasurya@gmail.com

यह चयन ही यथार्थ की ताक़तों के ख़िलाफ़ एक कलाकार का विद्रोह है।

—अल्बेयर कामू

मंच-पर

सूत्रधार	:	रोहित चन्द्रा
सूत्रधार-2	:	अभिषेक ड्रामेबाज
कहलूकहाले	:	मृत्युंजय प्रसाद
पंथा	:	कुणाल
छोट लामा	:	शुभ्रो भट्टाचार्य
चरनी	:	पूजा राज
समुझ	:	राहुल रंजन
अथी	:	नन्दकिशोर नन्दू
नान्ही	:	मंजरी मणि त्रिपाठी
अरे	:	रूबी खातून
उपान्त चोचे	:	निलेश मिश्र
कांस्टेबिल-2	:	राजभूमि, आशीष रंजन, पिन्दु कुमार
पुलिस अधिकारी	:	आदर्श रंजन
मालकिन	:	नेहा निहारिका
जाकिटवाला	:	आदिल रशीद/मिथिलेश
कोरस	:	प्रीति शर्मा, फिजा निगार, शान्ति इस्सर, रवि कुमार, आकर्ष भारद्धाज, पियांशु भारद्धाज, वरुण कुमार एवं आशुतोष कुमार

छोटे लामा (शुभ्रो भट्टाचार्य) एवं पंथा (कुणाल कुमार) विमर्श करते हुए

मालकिन (नेहा निहारिका) और जाकिटवाला (आदिल रशीद) अपने कमरे में

कहलूकहाले (मृत्युंजय प्रसाद) एवं छोटे लामा (शुभ्रो भट्टाचार्य)

कहलूकहाले (मृत्युंजय प्रसाद) एवं अरे (रूबी खातून)

नान्ही (मंजरी मणि त्रिपाठी) एवं कहलूकहाले (मृत्युंजय प्रसाद)

कहलूकहाले (मृत्युंजय प्रसाद) एवं छोटे लामा (शुभ्रो भट्टाचार्य)

पुलिस अधिकारी (आदर्श रंजन), छोटे लामा (शुभ्रो भट्टाचार्य) एवं कहलूकहाले (मृत्युंजय प्रसाद)

जाकिटवाला (आदिल रशीद), मालकिन (नेहा निहारिका) एवं पंथा (कुणाल कुमार)

मंच-परे

संगीत	:	राजू मिश्र
हारमोनियम	:	रोहित चन्द्रा
ढोलक	:	अभिषेक ड्रामेबाज
प्रकाश संचालन	:	राहुल रवि
वस्त्र विन्यास	:	राजमणि, पूजा राज, शिखा कुमारी
रूप सज्जा	:	जितेन्द्र कुमार जीतू, सत्यप्रकाश, नेहा निहारिका
मंच निर्माण	:	प्रबोध कुमार विश्वकर्मा, रंजीत कुमार
ब्रोशर, कार्ड, पोस्टर	:	उमेश शर्मा
नृत्य संयोजक	:	जितेन्द्र कुमार चौरसिया
अभिकल्पक	:	हरिशंकर रवि
सहायक	:	सत्यप्रकाश
सहायक निर्देशक	:	रूबी खातून
नाट्य-आलेख	:	रवीन्द्र भारती
परिकल्पना एवं निर्देशन	:	विजयेन्द्र टाक विरजू
प्रस्तुति	:	प्रवीण सांस्कृतिक मंच, पटना (बिहार)

बहुमूल्य सुझाव के लिए डॉ. अशोक तिवारी को विशेष आभार।

पूर्वरंग

[लहँगा पहने हुए दो सूत्रधार आते हैं। दोनों के कमर और पैरों में घुँघरू बँधे हैं। दर्शकों के अभिवादन के साथ गायन करते हैं।]

हाँ, रामजी, हाँ, रामजी
हाँ, रामजी, हाँ, रामजी...
अन्न उगाया खेत, अन्न उगाया खेत
खेत का नाम?
नाम नहीं है, खेत का कोई नाम नहीं है
हाँ, रामजी, हाँ, रामजी
हाँ, रामजी, हाँ, रामजी...
मन का घुँघरू जब तान मिलावा
गोड़ का घुँघरू तब कमर हिलावा
मन का नाम?
नाम नहीं है, मन का कोई नाम नहीं है
हाँ, रामजी, हाँ, रामजी
हाँ, रामजी, हाँ, रामजी...
गूँगा, गूँगा, गूँगा
बोल रहा है भीतर-भीतर

झर, झर झरे आँख से पानी
झरे आँख से पानी
पानी का नाम?
नाम नहीं है, पानी का कोई नाम नहीं है
हाँ, रामजी, हाँ, रामजी
हाँ, रामजी, हाँ, रामजी...
रुई सेमर की उड़ी जा रही
बादर, बदरी बन के
नए-नए पत्तों में मुस्काते
गाछ-बिरिछ जंगल के
मुस्कानों का नाम?
नाम नहीं है, मुस्कानों के कोई नाम नहीं हैं
हाँ, रामजी, हाँ, रामजी
हाँ, रामजी, हाँ, रामजी...
कथा सुनाते हैं हम अपनी
हाँ, रामजी, हम अपनी
अपना नाम?
नाम नहीं है, अपना कोई नाम नहीं है
हाँ, रामजी, हाँ, रामजी
हाँ, रामजी, हाँ, रामजी...

[धीरे-धीरे रोशनी लोप हो जाती है। अँधेरे में डूबे मंच पर हुलहुलियों का काफ़िला दिखता है अपने हाथों में पान के पत्ते की तरह कोई पत्ता लिये हुए। वे पत्ते उनके चेहरे के आगे हैं। उससे रोशनी बिखर रही है। काफ़िला मंच पर एक गोल चक्कर लगाकर नेपथ्य में चला जाता है।]

दृश्य-1

[धीरे-धीरे रोशनी मंच पर आती है जहाँ बौद्ध गुम्फा दिख रहा है। वहीं बैठकर छोटे लामा और पंथा विमर्श कर रहे हैं।]

पंथा : नाम में क्या रखा है, कहते थे न आप, लेकिन नाम में ही सब कुछ है।
नाम नहीं, कुछ भी नहीं
टेढ़ा-मेढ़ा जैसा भी नाम हो, रहना चाहिए
धज-ध्वजा दोनों के लिए ज़रूरी है यह
नाम से मालूम होती है वल्दियत
नाम से ही धर्म, कर्म, और ठिकाना का चलता है पता
दुनिया के सारे कारोबार में—
नाम की लगी रहती है होड़
नाम से चलती हैं संस्थाएँ, नाम से बिकता है माल
नाम के लिए आदमी मरता है, जीता है
भय और प्रेम दोनों जुड़े रहते हैं नाम से
नाम से बिगड़े काम बनते हैं
बनते काम जाते हैं बिगड़
नाम सुनकर चली आती हैं लाखों आवाज़ें

घरों से निकलकर
अमर हो जाता है इनसान दुनिया में
पैदा करके अपना नाम।

छोटे लामा : लेकिन मैंने दूसरे सन्दर्भ में कहा था कि दुनिया में अधिकांश जीवनदायिनी शक्तियाँ अपने नाम को छिपाकर हमें धन्य करती हैं। वे दुनिया में रहकर दुनियादारी से बाहर रहती हैं। वे किसी एक देश की नागरिक नहीं हैं, सबकी हैं, सभी देश-दुनिया की हैं। सभी को देती रहती हैं ऑक्सीजन।

पंथा : मैं उनकी नहीं, नागरिक रजिस्टर की बात कर रहा हूँ। गिने जा रहे हैं घर-परिवार के सदस्य। घुसपैठियों को अलगाया जा रहा है जिससे कि उन्हें मुल्क से बाहर का रास्ता दिखाया जा सके। हुलहुलिया का क्या होगा छोटे लामा?

छोटे लामा : वही तो बात है। हुलहुलिया पाँच ही घर बचे हैं। बाक़ी मर के ओरा गए। कुछ घर जाने के रास्ते में हैं और कुछ घर। घर कहने को हैं। उन सभी की मृत्यु भूख, बीमारी या किसी हादसे में हुई। जो भी कारण रहा हो, सत्य तो यही है कि सभी असमय में गए। अब उन पाँच घरों को बचे रहना चाहिए। उनकी लिपि, संस्कृति बची रहनी चाहिए। कहलूकहाले ठीक ही कहता है कि संस्कृति का आईना है उसकी लिपि। लिपि के लोप होने से संस्कृति का चेहरा नहीं दिखता।

पंथा : हुलहुलियों की लिपि है—चित्र सरीखी। लगता है कि चित्रों के कुछ टुकड़ों को इकट्ठा कर हुलहुलियों ने अपनी लिपि तैयार की है।

छोटे लामा : उनकी बोली समझते हैं आप?

पंथा : नहीं, आपस में जब बातें करते हैं, सुनने में अच्छा लगता है मगर समझ नहीं पाता।

छोटे लामा : कहलूकहाले उनकी बोली समझता है।

पंथा : कहलूकहाले बोली क्यों नहीं समझेगा! वह जो साँवली-सी बड़ी-बड़ी आँखों वाली 'अरे' नाम की हुलहुलिया है उसके

साथ उसका काफ़ी हेल-मेल जो है। देखता हूँ उसे बराबर उसके साथ।

छोटे लामा : स्वाभाविक है। कहलूकहाले दुनिया-भर में लुप्तप्राय: हो रही जातियों पर कुछ वर्षों से काम कर रहा है। उस सिलसिले में लोगों से मिलता-जुलता ही रहता हैं, घूमता रहता है। सिर्फ़ इतना ही नहीं, उन्हें बचाने की लड़ाई भी लड़ रहा है अपने स्तर पर।

पंथा : शौक़िया...।

छोटे लामा : क्यों, शौक़िया कैसे?

पंथा : उसके मुँह से कई बार सुना है यह कहते हुए कि वह किसी एनजीओ, किसी विश्वविद्यालय, किसी शोध संस्थान के लिए काम नहीं कर रहा बल्कि अपने लिए कर रहा है। अपने लिए किया गया काम शौक़िया ही हुआ न छोटे लामा।

छोटे लामा : उसके कहने का निहितार्थ गहरा है। उस अर्थ में शौक़िया नहीं, जिस अर्थ में आप समझ रहे हैं। वह उन आवाज़ों के साथ है जो आवाज़ें अनुसनी कर दी गईं या उन आवाज़ों को जिन्हें आवाज़ों के बाहर ढकेल दिया गया है। ऐसी आवाज़ों के साथ जो आवाज़ हो, उसे शौक़िया कैसे कहा जा सकता है!

पंथा : आप उसके साथ हैं भीतर-भीतर।

छोटे लामा : आप भी तो हैं।

पंथा : खुलकर नहीं हूँ।

छोटे लामा : खुलकर मैं भी नहीं हूँ। कई अवसरों पर जहाँ उसके पक्ष में बोलना चाहिए, उसके अनुभवों की आँच से निकले हुए सत्य का साथ देना चाहिए, वहाँ मैं चुप रहता हूँ। उसके शोध में भी मदद नहीं कर पाता। शब्दों से भी नहीं।

पंथा : यह शोध का नहीं, प्रेम का मामला है...।

छोटे लामा : प्रेम करना बुरा है क्या?

पंथा : बुरा नहीं है लेकिन...।

छोटे लामा : लेकिन क्या?

पंथा : वह लड़ाई हार जाएगा। सारे हुलहुलियों को देश के बाहर जाना पड़ेगा। वे घुसपैठिए हैं। उनके पास कोई आईडी, कोई आधार कार्ड नहीं है। यहाँ का बाशिन्दा होने का कोई प्रमाण नहीं है।

छोटे लामा : लेकिन उनके बहुत बाद में आए लोगों के पास तो है सब कुछ। मैं तो इन हुलहुलियों को अपने जन्मकाल से देखता आ रहा हूँ और मेरी उम्र भी कम तो नहीं है।

पंथा : लेकिन काग़ज़-पत्तर नहीं है न!

छोटे लामा : मैं उनके लिए कहने को तैयार हूँ। कहीं भी गवाही दे सकता हूँ।

पंथा : आपकी सुनेगा कौन?

छोटे लामा : क्या इनसान, इनसान की बात नहीं सुनेगा?

पंथा : सरकार इनसान नहीं, सरकार है। वह क़ानून, संविधान से गाइड होती है। वह प्रमाण चाहती है, आपके होने का प्रमाण। बिना साक्ष्य के कुछ भी नहीं।

छोटे लामा : आख़िर सरकार तो इनसान के लिए ही है न! इनसानों ने उसे बनाया है और जो जिसे बनाता है, वह उसके लिए भगवान होता है। क्या वह अपने भगवान की बात नहीं सुनेगी?

पंथा : भगवान की सारी शक्तियाँ संविधान, क़ानून में डाल दी गई हैं। वह सर्वोपरि है, व्यक्ति नहीं। सरकार तो वही करेगी जो कानून, संविधान सम्मत होगा। आपकी तरह हर व्यक्ति अपनी-अपनी हाँकने लगे और सरकार उस पर अमल करने लगे तब तो चल चुकी सरकार। चल चुका देश। देशहित में क्या यह नहीं कि आपके पास काग़ज़-पत्तर रहना चाहिए। अब तो आप डिजिटल युग में जी रहे हैं, डिजिटल में आपकी उपस्थिति भी होनी चाहिए। काग़ज़ की स्याही मिट सकती है लेकिन डिजिटल की नहीं। उसमें करोड़ों, अरबों लोगों का कच्चा-चिट्ठा रखने की शक्ति है। आपके नाम के पहला अक्षर का बटन दबा नहीं कि पूरा नाम निकलकर

बाहर आ गया। कच्चा चिट्ठा भी।

छोटे लामा : उससे कहाँ इनकार है कि हम डिजिटल युग में नहीं हैं। काग़ज़-पत्तर तो रहना ही चाहिए। क़ानून का सम्मान करना चाहिए। सहमत हूँ। लेकिन काग़ज़-पत्तर, डिजिटल ही सब कुछ है, यह मैं नहीं मानता। इसके परे भी बहुत कुछ है अमूल्य, जिसे हमने नज़रअन्दाज कर दिया या कर रहे हैं, यह ठीक नहीं है। कभी-कभी मुझे लगता है, एक दिन ऐसा भी आएगा कि यदि अपने घर के दरवाज़े का कोड नम्बर भूल गया इनसान तो घर का दरवाज़ा नहीं खुलेगा। पुकारने पर भी नहीं। घरवाले सोचेंगे कि डिजिटल मज़ाक़ कर रहा है, एक ही बोली, एक ही शक्ल का दूसरा बाप, बेटा, पति भेजकर।

पंथा : हो सकता है आपका शक एक दिन सच हो जाए।

छोटे लामा : विज्ञान तकनालॉजी से आप खेल रहे हैं, एक दिन वह भी आपसे खेलेगा।

पंथा : खेलने की बात पर याद आया कि कोठी के वसन्तोत्सव का खेला, अब तो वह नजदीक आ गया।

छोटे लामा : अब कहाँ कितने दिन है। उँगलियों पर बच गए हैं दिन। कोठी की डुगडुगी कल कानों में पड़ी थी।

पंथा : इस बार खेला से बाहर रहेगा हुलहुलिया।

छोटे लामा : क्यों?

पंथा : मुझे लगता है ऐसा।

छोटे लामा : जाकिटवाला असम्भव को सम्भव करने की क्षमता रखते हैं। अथी नाम का हुलहुलिया उनकी बेटी के मन को बहलाने के लिए भालू बनकर हर रोज सुबह-शाम खेला दिखाता है। वह तो खेल में रहेगा ही।

पंथा : फिर भी सिक्योरिटी की दृष्टि से उन्हीं का प्रवेश वसन्तोत्सव के खेला में होगा जिनके पास आईडी होगा। कितने वीआईपी आते हैं उस समारोह में!

छोटे लामा : ठीक है, लेकिन जाकिटवाला की कोठी के आदमी को

कौन रोक सकता है। जाकिटवाला मामूली व्यक्ति तो हैं नहीं। चुनाव के समय सभी छोटी-बड़ी पार्टियों को आर्थिक मदद करते हैं, बिना इसकी परवाह किए कि कौन जीतेगा, कौन नहीं।

पंथा : उनकी अपना सिक्योरिटी फोर्स है। दुनिया-भर में सिक्योरिटी भेजते हैं—जो भी उनसे माँगता है सिक्योरिटी सेवा।

छोटे लामा : बिजनेसमैन हैं।

पंथा : कोई घमंड नहीं है। जंगल, पहाड़ के इलाक़े में इतनी बड़ी कोठी है उनकी, मगर उनका दरवाज़ा सबके लिए खुला रहता है। छोटा-बड़ा—सभी के लिए। उनकी वजह से यह इलाक़ा एक टूरिस्ट प्लेस हो गया।

छोटे लामा : टूरिस्ट प्लेस बनने से कहलूकहाले दुःखी है।

पंथा : वह अपनी तरह चाहता है दुनिया को हाँकना।

छोटे लामा : आप ग़लत सोचते हैं। वह चाहता है लोग अपनी तरह से रहें, उनके जीवन के एकान्त में कोई ताक-झाँक न करे। उसका मानना है कि एक-दूसरे के बीच हमें हवा की तरह आना-जाना चाहिए। आँधी की तरह नहीं।

[नेपथ्य से बादल के गरजने की आवाज़ आती है।]

पंथा : छोटे लामा, लगता है बारिश आने को है।

छोटे लामा : कहीं बारिश हो रही है। यहाँ अभी आने में देर है।

[चरनी और समुझ हड़बड़ाए हुए आते हैं।]

चरनी : गजब हो गया छोटे लामा, गजब हो गया!

छोटे लामा : क्या हुआ, बोल तो सही।

समुझ : रात में बन्दर फँसानेवाले बड़ा-बड़ा जाल और छेदवाला टीन का जहाजी बक्सा लेकर आए थे। हाँका जंगल में कर रहे थे। बन्दर जान बचाने के लिए कूद रहे थे इधर से उधर केंकियाते, बिलखते हुए। उनका चीत्कार सुनकर हुलहुलिया सब पहुँच गया। उन फँसानेवालों से गर्मा-गर्मी

बहस हुई। अन्त में हुलहुलिया का उग्र रूप देखकर सब भाग खड़े हुए।

चरनी : हम लोगों को बाद मालूम हुआ...।

पंथा : हुलहुलिया लोगों का दिन पूरा हो गया है। एक तो उनके पास कोई काग़ज़-पत्तर नहीं है, ऊपर से अधिकार जताता है। मूर्ख है सब। बुझाता तो है नहीं, हर काम में नाक गलाता है।

छोटे लामा : उसने क्या ग़लत किया? किसी का प्राण बचाना ग़लत है?

पंथा : लेकिन बन्दरों को फँसा कौन रहा था! वह तो कोठी में विदेशी गेस्ट आए थे, वही जंगल का खेला देखना चाहते थे। वह देखना चाहते थे कि मृत्यु का भय होने पर बन्दरों की आँखें कितनी छोटी, कितनी खौफ़ज़दा हो जाती हैं। वह स्टडी करने आए थे जिससे कि मौत के भय से आदमी को बचाया जा सके।

छोटे लामा : लेकिन यह तो ख़तरनाक खेल है।

चरनी : लोग कह रहे हैं कि इस खेल के पीछे कुछ और ही खेल था।

पंथा : चुप कर। कुछ समझती तो है नहीं।

समुझ : हुजूर, झूठ बात नहीं है। लोग कह रहे हैं कि सर के कोठी का उसमें कोई हाथ नहीं, वह तो बाइली लोग थे। वे लोग बन्दरों को फँसाकर सौदागर के हाथ बेचने की तैयारी कर रहे थे। सुनने में आया है कि बन्दरों के किसी खास अंग से चीन ऐसी दवा तैयार करने में लगा है जिससे मनुष्य को अमरत्व हो जाएगा। उसकी कभी मृत्यु नहीं होगी।

छोटे लामा : इसी तरह एक समय कौओं को बड़े पैमाने पर इनसान मारता रहा। उसे मारकर उसकी जीभ को भूनकर खाता रहा। उसे विश्वास था कि वह अमर हो जाएगा। जब भ्रम टूटा तब जाकर कौओं की जान बची। हुलहुलिया ने बन्दरों को बचाकर पुण्य का काम किया है।

पंथा : लेकिन बस्ती के लोगों को तो बताना चाहिए था पहले। जो

करना होता, हम लोग करते...। अधिकार जताने चला है अनाधिकारी व्यक्ति, यह ठीक नहीं।

चरनी : खुश होता है तो बादलों की ओर इशारा करता है हुलहुलिया।

छोटे लामा : शुद्ध, बुद्ध आत्मा है।

[नेपथ्य से डुगडुगी बजने की आवाज़ आती है।]

पंथा : *(हड़बड़ाते हुए)* चलिए, चलिए छोटे लामा। आम की बड़ी बाग में बौर देखने की डुगडुगी हो रही है।

[छोटे लामा उठते हैं कि धीरे-धीरे प्रकाश हो जाता है विलुप्त।]

दृश्य-2

[मंच पर प्रकाश आता है। कहलूकहाले के कमरे का दृश्य उभरता है। वहाँ एक मचिया पर बैठकर अरे को कहलूकहाले कंघी कर रहा है। अरे के हाथों में आईना है। वह एक नज़र आईने में और दूसरी नज़र से कहलूकहाले को देखते हुए बात कर रही है।]

अरे : तेरे को मैं अच्छी लगती हूँ?

कहलूकहाले : बहुत।

अरे : फिर क्यों कह रहा था कि अथी के साथ तेरी जोड़ी खूब फबेगी?

कहलूकहाले : वह भी हुलहुलिया है इसलिए। हुलहुलिया की जनसंख्या नहीं के बराबर है, उसे बढ़नी चाहिए। पाँच घर से पचास घर और पचास घर से पाँच सौ घर।

अरे : तुझे अथी अच्छा लगता है?

[कहलूकहाले स्वीकारात्मक सिर हिलाता है।]

अरे : लेकिन तू मुझे अच्छा लगता है।

कहलूकहाले : और अथी?

अरे : वह भी, लेकिन तेरे इतना नहीं।

कहलूकहाले : जब तू बोलती है तो ललमुलिया चिड़िया जैसी लगती है।

अरे : तूने ललमुनिया का घर देखा है कभी?

कहलूकहाले : नहीं।

अरे : तब कैसे अच्छी लगती है वह, जब उसका घर ही नहीं देखा!

कहलूकहाले : तूने देखा है?

[जूड़ा बाँधकर अरे अलग बैठती है।]

अरे : *(हँसते हुए)* अब मैंने ही नहीं देखा है! उसका घर मेरे घर से बहुत दूर थोड़ो है। लेकिन उधर साँप रहते हैं। तुझको साँपों से डर लगता है?

[कहलूकहाले स्वीकारात्मक सिर हिलाता है।]

अरे : और गोजर से?

कहलूकहाले : उससे भी। सभी जंगली जीवों से। उनका क्या भरोसा कि कब हिंसक हो जाएँ।

अरे : मैं भी तो जंगली जीव हूँ, कभी तेरे को डँसा!

कहलूकहाले : तू तो इनसान है।

[अरे हँसती है।]

अरे : तू?

कहलूकहाले : तू बता।

अरे : तू कहलूकहाले, कहलूकहाले है।

[कहलूकहाले मुस्कराता है।]

[अरे एक छोटे-से रूमाल से मटर के दाने के बराबर कोई जंगली फल कहलूकहाले की ओर बढ़ाती है। वह उसे चखता है।]

अरे : बता, कैसा है?

कहलूकहाले : मीठा, खट्टा से कुछ अलग। ठीक-ठीक कह नहीं पा रहा हूँ। अलग स्वाद है, अच्छा महसूस हो रहा है।

अरे : यह मौआ का फल है। जानता है यह फल किसे दिया जाता है?

कहलूकहाले : किसे?

अरे : अपने अत्यन्त प्रिय को। जिस-तिस को देने से पाप लगता है।

कहलूकहाले : तू मुझे मौआ के पेड़ दिखाएगी? यह तेरी बोली का शब्द है मौआ?

अरे : तुझे अपनी भाषा लिखना सिखा दूँगी।

कहलूकहाले : लिखकर बता कैसे हैं तेरी भाषा के अक्षर?

अरे : हतूवा लाना पड़ेगा। फिर कभी।

कहलूकहाले : हतूवा क्या है?

अरे : एक घास है। उसके रंग से हम पत्थर पर लिखते हैं, वह मिटता नहीं, कितना पानी क्यों न पड़े। हम अपने दिल की बात हतूवा की स्याही से पत्थर पर लिखकर बालू में छिपा देते हैं।

कहलूकहाले : बालू के भीतर क्यों?

अरे : वह हमारा देवता है न!

कहलूकहाले : देवता!

अरे : तू नहीं समझेगा। बालू के भीतर ही छिपाकर नदी रखती है अपना धन। उसी धन से देवता हमें देता है थोड़ा-थोड़ा।

कहलूकहाले : धन में क्या देता है?

अरे : वह दिखायी थोड़ो पड़ता है। मन के भीतर पहुँचकर आशीर्वाद बन जाता है।

कहलूकहाले : मन के भीतर?

अरे : बाहर रहेगा, कुम्हला नहीं जाएगा क्या?

कहलूकहाले : मन!

[नेपथ्य से अरे को पुकारने की आवाज़ आती है। वह हड़बड़ाकर उठ खड़ी होती है। कहलूकहाले के हाथ को चूमते हुए प्रस्थान कर जाती है। कहलूकहाले मुस्कुराता है। प्रकाश धीरे-धीरे विलुप्त हो जाता है।]

दृश्य-3

[मंच पर प्रकाश फैलता है। जाकिटवाला की कोठी का दृश्य उभरता है। छोटे लामा, पंथा बैठे हुए हैं। बीच-बीच में जाकिटवाला कुर्सी से उठकर टहलने लगते हैं। उनके पीछे संतरी सावधान मुद्रा में खड़ा है।]

जाकिटवाला : मेरे ख़याल से मुश्किल है...।

छोटे लामा : आपके लिए क्या मुश्किल।

जाकिटवाला : आप हुलहुलियों से अधिक घबड़ाए हुए हैं।

पंथा : हुलहुलियों को कोई चिन्ता नहीं है। यूँ भी चिन्ता के लायक उनके पास कुछ है भी नहीं। कोई धन, सम्पदा, खेत-पथार कुछ भी नहीं। जहाँ जाएँगे, वहीं रह लेंगे।

छोटे लामा : लेकिन उनके पास कोई देश नहीं होगा।

जाकिटवाला : वह तो है। कोई दूसरा देश, बिना काग़ज़ देखे घुसने नहीं देगा। कहीं की नागरिकता तो चाहिए ही चाहिए।

पंथा : हुलहुलिया कोई अकेले तो हैं नहीं, बहुतों के पास अपना देश नहीं है। वह रह रहे हैं कि नहीं?

छोटे लामा : रह रहे हैं, दो देशों के बीच छूटी हुई लावारिश जगह में। जहाँ कोई आइन-क़ानून नहीं है, शिक्षा-दीक्षा नहीं है। कोई स्वप्न

नहीं है, भविष्य नहीं है। अपना बोलकर कोई सम्बोधन नहीं है। उसे आप रहना कहते हैं! ऐसी परिस्थितियों में पशु भी नहीं रह सकते। क्या यह स्थिति न्यायसंगत है? मानवता के लिए कलंक नहीं है क्या?

जाकिटवाला : सही कह रहे हैं आप।

छोटे लामा : आप सामर्थवान हैं। बचा लीजिए। हुलहुलिया परिवार जन-मजूरा है, सर।

जाकिटवाला : मैंने कभी उन्हें जन-मजूरा नहीं समझा। बराबरी में बैठाता हूँ, बातें सुनता हूँ उनकी। जो चाहते हैं आप, मैं भी तो वही चाह रहा हूँ लेकिन छोटे लामा कुछ तो यहाँ के बाशिन्दा होने का काग़ज़-पत्तर चाहिए। एक दिन कहलूकहाले आया था। बड़ा जोश है उसके भीतर...।

पंथा : क्या कह रहा था?

जाकिटवाला : एकेडमिक बातें कर रहा था। पाँच हजार वर्षों का इतिहास बता रहा था। हुलहुलिया को यहाँ की आदिम जाति सिद्ध करने में लगा हुआ था।

छोटे लामा : आदिम जाति हैं हुलहुलिया। अपने बचपन से उन्हें देखता आ रहा हूँ। जाने-अनजाने उनकी कितनी चीज़ों ने मुझे बौद्धिक सम्पन्नता दी है। उनका ऋण है मेरे ऊपर। उनके बिछुड़ने का दुःख होगा।

जाकिटवाला : समझता हूँ। मेरी बेटी को अथी भालू का मुखौटा पहनकर खेल दिखाता है सुबह-शाम। बेटी को अच्छा लगता है। आख़िर अथी हुलहुलिया ही तो है। मुझे भी चिन्ता होती है कि वह चला जाएगा तो खेल कौन दिखाएगा।

पंथा : मैं हूँ सर!

जाकिटवाला : बात की बात बता रहा हूँ। मुझे मालूम है कि आप हैं और भी लोग हैं लेकिन...।

छोटे लामा : आप चाहेंगे तो कोई-न-कोई रास्ता निकल आएगा।

जाकिटवाला : देखिए, सोचता हूँ...।

[जाकिटवाला की बेटी की नेपथ्य से आवाज़ आती है कि भालू बनकर पापा थोड़ा सिर हिलाओ। जाकिटवाला बिना क्षण-भर देर किए दीवार पर टँगे भालू के मुखौटे को उतारकर पहनते हैं।]

जाकिटवाला : देखिए, छोटे लामा, इतनी सयानी हो गई है बेटी मगर उसका बचपना नहीं गया। जो कहती है, करना पड़ता है।

[जाकिटवाला मुखौटा पहनकर गर्दन हिलाते हैं। नेपथ्य से डुगडुगी बजती है कि दृश्य लोप हो जाता है।]

दृश्य-4

[मंच पर हल्की रोशनी आती है। रात का समय। कहलूकहाले अपने कमरे में बैठकर डायरी लिख रहा है। रोशनी उसकी मेज पर पड़ रही है जिससे उसका चेहरा दिख रहा है। बाक़ी कमरे में हल्की रोशनी है। दरवाज़े पर दस्तक देने की आवाज़ होती है। थोड़ा रुक-रुक कर होती है। कहलूकहाले अपनी कुर्सी से उठकर टॉर्च जलाकर झरोखे से बाहर देखने की कोशिश करता है कि एक धक्के के साथ दरवाज़ा खुल जाता है। मिलिट्री पोशाक में दो कांस्टेबिल अन्दर आते हैं। रोशनी पूरे मंच पर फैल जाती है।]

कांस्टेबिल-1 : किवाड़ क्यों नहीं खोल रहा था?

कहलूकहाले : मैंने समझा कि हवा है। अक्सर बन्द किवाड़ देखकर उसे पीटती रहती है।

कांस्टेबिल-2 : आईडी निकालो, फटाफट...देर नहीं।

कहलूकहाले : थोड़ा समय दीजिए मुझे खोजना पड़ेगा।

कांस्टेबिल-1 : चुनौटी भर का कमरा...खोजना पड़ेगा। खोजो, खोजो...।

[कहलूकहाले मेज और ज़मीन पर पड़ी किताबों

को उलटता-पलटता है। खूँटी पर टँगे झोले से पैंट को निकाल, उसकी जेब में खोजता है। उधर कांस्टेबिल-2 मेज पर खुली डायरी को उठाकर ऊँचे स्वर में लिखे हुए को पढ़ने लगता है।]

कांस्टेबिल-2 : कल रात मोचङा की आवाज़ सुनाई पड़ी। बहुत दूर से आ रही थी। उसके सुर में हवाओं का भी सुर मिला हुआ था। इतना मधुर, इतना भावप्रवण, इतना आन्तरिक कि नाचने का मन करने लगा। समुद्र में उठने वाले ज्वार-भाटा के गरूर को तोड़नेवाला सुर था वह। आदमखोर चीतों के भीतर डर पैदा करनेवाला भी। लगता था कि कोई प्रकृति पुत्र मोचङा बजाते हुए गुजर रहा है सूनी राहों से बिन्दास। निश्चय ही यह मोचङा बजानेवाला अपूर्व होगा। हुलहुलिया के बारे में सोचता हूँ कि अचरज में डूब जाता हूँ। प्रकृति से उसका इतना लगाव दूसरों में नहीं दिखाई पड़ता। मैं उन्हें अँधेरी रातों में एक चौड़े पत्ते को आँखों के आगे रखकर चलते हुए देखता हूँ जंगली राहों में। वे चलते हैं कि उनके पत्तों से रोशनी बाहर छिटकती है। एक दिन अरे ने मुझे उन पत्तों के बारे में बताया था। मैंने उस पत्ते को जब हाथ में लिया, प्रकाश बाहर नहीं आया। अरे ने तब बताया कि हुलहुलिया को छोड़कर वह पत्ता किसी को अपनी रोशनी नहीं देता। सही मायने में कहा जाए तो हुलहुलिया प्रकृति की अपनी सन्तान हैं। उनको आज तक समझा नहीं गया। जैसे पहाड़िया जाति को नहीं समझा गया। पहाड़िया जातियों की संख्या भी घट रही है। सरकार ने उनके लिए एक समय टीन के पचासों घर बनाए थे मगर उनमें रहने के लिए पहाड़िया गए ही नहीं। वे आज जंगल, पहाड़ों के बीच खुले में रह रहे हैं। वे पानी और पेड़ की तरह सहज, सरल हैं। जब से उन्होंने लोगों को देखा पानी और पेड़ को सताते हुए कि उन्हें पक्का विश्वास हो गया कि घरों में

भूत रहते हैं। हुलहुलिया और पहाड़िया दोनों को बचाने की ज़रूरत है। मैंने इसके बारे में कई बुद्धिजीवियों, वैज्ञानिकों, समाजशास्त्रियों से चर्चा की। नतीजा सिफ़र निकला। उनका मतामत था कि यह लिपियों, संस्कृतियों को बचाने का युग नहीं, यह व्यापार और राज्य-विस्तार का युग है।

कहलूकहाले : *(बीच में बाते काटते हुए कांस्टेबिल-1 के आगे आईडी बढ़ाते हुए)* यह लीजिए आईडी।

कांस्टेबिल-1 : *(ग़ौर से चेहरे का मिलान करते हुए)* यहाँ कब से हैं?

कहलूकहाले : लगभग तीन-साढ़े तीन साल हो रहे हैं।

कांस्टेबिल-2 : तू यहाँ जंगल, पहाड़ में क्या कर रहा है? कहीं नक्सल, नक्सल तो नहीं खेल रहा है? यह जो मेरे कन्धे पर लटक रही है, वह बिना आवाज़ के आदमी का भूगोल बिगाड़ देती है।

कहलूकहाले : आप ग़लत सोच रहे हैं।

कांस्टेबिल-2 : तू ही बता न कि यहाँ क्या कबाड़ रहा है?

कहलूकहाले : दुनिया-भर में विलुप्त हो रही जातियों और उनकी लिपियों पर काम कर रहा हूँ। उसी सिलसिले में यहाँ कुछ दिनों से हूँ।

कांस्टेबिल-1 : इससे क्या हो जाएगा और तुझे क्या मिलेगा?

कहलूकहाले : आदमी, आदमी के और क़रीब आ सकेगा।

कांस्टेबिल-1 : क्या अभी नहीं है?

कहलूकहाले : नहीं।

कांस्टेबिल-1 : अगर आ ही गया, मान लेते हैं, तुझे इससे क्या?

कहलूकहाले : अच्छा लगेगा।

कांस्टेबिल-2 : तूने डायरी में जिस हुलहुलिया को पत्तों को आँखों के आगे लेकर चलने और पत्तों से रोशनी के छिटकने की बात की है, वह सब नक्सली है, हुलहुलिया नहीं। इस जंगल से उस जंगल में ऐसे ही पार करता है सब। पत्तों की रोशनी नहीं, अत्याधुनिक कोई तकनीक होगी पत्तों की शक्ल में जिससे रोशनी छनकर आती होगी बाहर।

कहलूकहाले : ऐसा नहीं है।

कांस्टेबिल-1 : बता, कैसा है?

कहलूकहाले : *(बात बदलते हुए)* डायरी में सपने की बात लिखी हुई है।

कांस्टेबिल-2 : सपने की बात!

कांस्टेबिल-1 : *(हँसते हुए)* सपने को डायरी में लिखता है।

[कांस्टेबिल-2 हँसते-हँसते कुर्सी को पैर से ठोकर मारता है जिसे कहलूकहाले थाम लेता है, गिरने नहीं देता।]

कांस्टेबिल-2 : शाबास! क्या नाम है?

कहलूकहाले : कहलूकहाले।

कांस्टेबिल-1 : एक बार फिर बोल।

कांस्टेबिल-2 : हाँ, बोल न!

कहलूकहाले : कहलूकहाले।

[कांस्टेबिल-1 गोल-गोल नाचने-गाने लगता है मुँह बिचकाते।]

आ...ले, आ...ले
कहलूकहाले, कहलूकहाले
आ...ले...आ, ले..., आले...ले
जमा ले, जमा ले, बिन जोरन के दही
आ...ले...आ...ले
कहलूकहाले...कहलूकहाले।

[कांस्टेबिल-1 नाचते-नाचते मेज पर रखे टॉर्च को उठाकर बाहर निकल जाता है। दूसरा कांस्टेबिल भी उसके पीछे हो लेता है।]

कहलूकहाले : *(पीछे से आवाज़ देते हुए)* भूल से मेरा टॉर्च आपके साथ चला गया है।

कांस्टेबिल-2 : *(पलटकर देखते हुए)* भूलकर नहीं, जान-बूझकर ले जा

रहा हूँ। विलुप्त जातियों की औलाद! सपने में टॉर्च जलाकर पुरखों को खोजेगा!

[दरवाज़े पर कहलूकहाले उन्हें जाते हुए देखता है और नेपथ्य से दोनों कांस्टेबिलों की हँसी गूँजती है। धीरे-धीरे दृश्यलोप हो जाता है।]

दृश्य-5

[मंच पर रोशनी बिखरती है। जाकिटवाला की कोठी का दृश्य उभरता है। जाकिटवाला बाहर दालान में बैठकर पेपर देख रहे हैं। बीच-बीच में प्लेट से उठाकर कुछ कटे फल खाते हैं। उनके सामने पंथा बैठकर गुलदान में रखे फूलों को ठीक कर रहा है। कोठी के गेट के अन्दर अरे आना चाहती है मगर सन्तरी आने से मना कर रहा है। वह तेज़-तेज़ बोलती है, जाने की जिद करती है। आवाज़ सुनकर जाकिटवाला उसको भेजने का इशारा करते हैं। अरे कोठी के अन्दर आती है और जाकिटवाला का अभिवादन कर नीचे बैठ जाती है।]

जाकिटवाला : कैसी है अरे! तुम्हारा नाम अरे कौन रखा? तू इतनी सुन्दर है, गुनी है, कोई अच्छा-सा नाम होना चाहिए था।

अरे : हम लोगों का नाम ऐसे ही होता है। कोई समझ-बूझकर थोड़ो रखाता है। जिसके मुँह से शुरू में जो निकल गया, वही पड़ गया नाम। अरे मायने क्या होता है सर जी?

जाकिटवाला : जब किसी का नाम नहीं मालूम होता तो उसे अरे कहकर पुकारते हैं।

अरे : इसका मतलब कि कहलूकहाले मुझसे झूठ बोला।

जाकिटवाला : वह क्या बोला?

अरे : वह कहता है कि अरे मायने सम्बोधन और अचरज! कहता है कि तू तो परी है। आकाश में उड़नेवाली। जब जन्मी तू और तेरे बाप ने तेरा चेहरा देखा कि अचरज में डूब गया। चिल्लाकर बोला, अरे, यह तो परी है परी। लोग परी भूल गए, अरे याद रखा।

जाकिटवाला : कहलूकहाले ठीक बोलता है।

अरे : आप कुछ कहते हैं, कहलूकहाले कुछ कहता है, दोनों ठीक कैसे हो सकता है? कोई एक ही न ठीक होगा?

जाकिटवाला : तू तो बड़ी बुद्धिमान है।

पंथा : सर ने जो कहा वही ठीक है। कहलूकहाले को क्या, वह तो तेरे को खुश करने के लिए बोल दिया उल्टा-सीधा।

अरे : ऐसा भी नहीं है वह। समझ-बूझकर बोलता है। मैं देखती हूँ जब भी कहलूकहाले की बात करती हूँ तुम लुलिया देते हो उसे।

जाकिटवाला : बता कैसे आयी सुबह-सुबह, कोई काम है?

अरे : सुना है कि हुलहुलिया लोगों को पुलिस देश से बाहर कर देगी। काहे को कर देगी सर जी? हम चोर-डकैत तो है नहीं, कोई खून, कत्ल तो किया नहीं। यहाँ कितने बरसों से रहते रहे हमारे बाप-दादा। अब हम बाइली हो गए अचानक!

पंथा : बरस से क्या होता है। तू सब तो घुमन्तू जाति की है। भर साल घूमती रहती है। कुछ महीने ही तो रहती है यहाँ अपने डेरा में। ऊपर से काग़ज़-पत्तर भी नहीं है। आख़िर देश की सुरक्षा का सवाल है कि नहीं?

अरे : देश!

पंथा : हाँ, देश।

अरे : हम देश चुरा रहे हैं? वह कोई रूमाल है कि उसे जेब में रख कोई चलता बने। देश की ठेकेदारी बन्द करो। जितना देश तुम्हारा है उतना हमारा।

[जाकिटवाला हँसते हैं।]

पंथा : सर, यह समझ नहीं रही है। न जाने क्या इसे समझा दिया कहलूकहाले। दिमाग़ सातवें आसमान पर रहता है। दिमाग़ से काम लेती ही नहीं।

अरे : मेरा दिमाग चिड़िया का दिमाग है, आदमी का दिमाग थोड़ो है। दिमाग इतना-सा, मगर उसमें आकाश की उड़ान रहती है।

जाकिटवाला : कुछ खाएगी तू?

अरे : नहीं, कुछो नहीं।

पंथा : सर जी, पूछिए इससे कि इतने दिनों से यहाँ रहने का दावा ठोक रही है किस आधार पर? कोई प्रमाण है? यह सब जब जाती है बाहर तब दरवाज़े को जलाकर जाती है सिर्फ़ नंगी दीवाल खड़ी रहती है।

जाकिटवाला : क्या सचमुच घर का दरवाज़ा फूँककर जाती है बाहर?

अरे : घर में कोई मुर्दा छोड़कर जाता है! डेरा से हम जब बाहर जाते हैं साल-दो साल के लिए कि जाने से पहले ही दरवाज़े को मालूम हो जाता है, वे अपना प्राण त्याग देते हैं, वह प्राण कहीं और चला जाता है। काया रह जाती है। मुर्दा को जलाना पड़ता है सर जी!

जाकिटवाला : जब आती है फिर नया दरवाज़ा...।

अरे : नए दरवाज़े में पुराने दरवाज़े का प्राण वापिस आ जाता है।

जाकिटवाला : तुझे कैसे मालूम?

अरे : पुरखे बताते हैं।

पंथा : इन सबों का जीवन ही ऐसा है। दरवाज़ा बदलने की तरह यह सब मर्द भी बदलती रहती हैं। नया-नया सम्बन्ध बनाती रहती हैं।

अरे : हम औरत मर्द नहीं बदलती। तू सब बदलता रहता है औरत। गिद्ध दृष्टि कैसी है तेरी, मुझे कैसे घूरता रहता है। जब भी मिलती हूँ अकेली राह में क्या-क्या बोलता रहता है। कहने

में भी घिन आती है। तेरी देह से गन्ध आती है जैसे श्मशान से मुर्दा जलने की आती है।

जाकिटवाला : ऐसा नहीं बोलते। समझने का फेर है यह। पंथा जी सज्जन मूर्ति हैं। प्रखर चेतना वाले व्यक्ति। इनकी प्रतिष्ठा है। मेरे विश्वासपात्र हैं। अगले चुनाव में इन्हें जिस पार्टी की हवा रहेगी उससे टिकट दिलाने की कोशिश करूँगा। यह जीतकर जाएँगे केन्द्र में। समाज का काम करेंगे। सामाजिक व्यक्ति हैं पंथा जी। अपने भीतर के मैल को निकाल दे।

अरे : तो क्या मैं झूठ बोल रही हूँ।

जाकिटवाला : जब शब्द का अर्थ समझती नहीं फिर उसमें झूठ और सत्य का प्रश्न कहाँ उठता है। छोड़ उन सब बातों को, बता कोई ज़रूरी काम से आई है?

अरे : कहलूकहाले आपसे मिलने को बोला था। कहा था कि सब हुलहुलिया मिलकर बोलो। वह चाहेंगे, कागज बन जाएगा।

जाकिटवाला : और हुलहुलिया सब क्यों नहीं आया?

अरे : वह सब डरता है।

जाकिटवाला : हम कोई बाघ हैं, हमसे डरने की कौन-सी बात है?

अरे : साँप, बाघ से डर थोड़ो लगता है। डर वर्दी से लगता है, कुर्सी से लगता है, आप जैसे बड़े लोगों से लगता है।

जाकिटवाला : लेकिन मेरी बेटी को भालू का मुखौटा पहनकर खेल दिखाने वाला अथी कहाँ डरता है! आखिर वह भी तो हुलहुलिया है।

अरे : वह भी डरता है। डरते-डरते कोठी में आता है, जाता है। कभी कुछ खाया आपके यहाँ?

जाकिटवाला : खाया नहीं लेकिन वह उसे घर ले जाता है।

अरे : डर से नहीं खाया जाता।

जाकिटवाला : डर को दूर करो। आदमी से आदमी का क्या डर।

अरे : सर जी, काग़ज़-पत्तर...।

जाकिटवाला : देख मैं झूठ नहीं बोलता। मेरे पास कोई एक काम तो होता नहीं। हजारों काम हैं। फैक्ट्री के काम से देश-विदेश का

दौरा करना पड़ता है। कुछ चीजें देश में मुझे ही बनाने का लाइसेंस मिला है। उसको पूरा करने में रात-दिन हमारे लोग लगे रहते हैं। व्यक्ति नहीं, देश हमारे लिए महत्वपूर्ण है। पंथा जी ने ठीक कहा कि देश की सुरक्षा का सवाल है। तुम लोगों के काम में हाथ डालें तो कैसे डालें, कोई काग़ज़-पत्तर भी नहीं है तुम सबों के पास।

अरे : छोटे लामा भी कहते हैं कि आपके लिए कुछ कठिन नहीं है।

जाकिटवाला : तुम लोगों के नाम कोई सात-आठ साल पहले थाना-पुलिस में कोई केस हुआ था? कोई एफआईआर, कोई काग़ज़ है?

अरे : नहीं, केस काहे होगा। कोई काग़ज़ नहीं है।

जाकिटवाला : किसी तरह का कोई सरकारी काग़ज़-पत्तर?

अरे : नहीं, हम लोग रहते कहाँ हैं एक जगह बहुत दिन। चलते रहते हैं पानी की तरह। नहीं होता है तो छोड़ दीजिए। जाएँगे तो चले जाएँगे। आप परेशान मत होइए। अथी को बुलवा दीजिए, उसकी माँ ने उसको याद किया है।

[जाकिटवाला अथी को आवाज़ देते हैं। अथी भालू का मुखौटा पहने आता है। मुखौटा उतारता है। नेपथ्य से लड़की की आवाज आती है कि भालू...मेरा भालू...मेरा भालू... ।]

जाकिटवाला : जा रहा है बेटी, भालू जा रहा है।

[जाकिटवाला अथी के हाथ से मुखौटा लेकर पंथा की ओर बढ़ा देते हैं।]

जाकिटवाला : बस, एक घंटा पंथा जी। उसके बाद वह बाहर निकल जाएगी और शाम में जब लौटेगी तब तक अथी आ ही जाएगा।

[पंथा मुखौटा पहनता कि धीरे-धीरे दृश्य लोप हो जाता है।]

दृश्य-6

[मंच पर प्रकाश फैलता है। अरे और अथी समवेत् स्वर में गा रहे हैं नदी के पास। पानी को एक-दूसरे की अंजलि में उठाकर देते हुए, इधर-उधर देखते आँखें मटकाते हुए।]

चकर-मकर
चकर-मकर
डूबा-डूबी पानी में
देखती हैं आँखें चकर-मकर, चकर-मकर...
पत्ते पर बूँद टिकी कितनी असाढ़ की
टेर रही चिड़िया कितनी पहाड़ की
होता है हिया मोर जगर-मगर, जगर-मगर...
छूटेगी, छूटेगी
बरखा कहाँ छूटेगी
छूटेगी, छूटेगी
धूप कहाँ छूटेगी
न, न अगर-मगर, अगर-मगर
होता है जिया मोर जगर-मगर, जगर-मगर...
दुनिया में सुकून कहाँ इतना

दिल में अपन है जितना
पाँवों को चीन्हे है डगर-डगर
होता है जिया मोर जगर-मगर, जगर-मगर...

[कहलूकहाले आता है कि गायन थम जाता है। अरे कहलूकहाले के पास जाकर खड़ी हो जाती है।]

अरे : *(झिड़की लगाते हुए)* तू हमें क्या समझता है! समझता क्या है?

कहलूकहाले : क्यों, क्या हुआ?

अरे : बता न क्या समझता है!

कहलूकहाले : कुछ कहेगी भी या पहेली बुझाती रहेगी।

अरे : तूने कोठी वाले के पास जाने को कहा था न!

कहलूकहाले : हाँ, कहा था।

अरे : वह भी कागज खोजता है। कहाँ है मेरे पास कागज। न-नुकर करता रहा। मुझे भी ग़ुस्सा आ गया। मैंने कहा कि परेशान मत होइए, चली जाऊँगी।

कहलूकहाले : कहाँ चली जाएगी?

अरे : कहीं भी, दुनिया में जगह की कमी है।

कहलूकहाले : फिर देश में घुसने नहीं देगी पुलिस।

अरे : काहे?

कहलूकहाले : देशबदर हो जाएगी तू।

अरे : यह क्या होता है?

कहलूकहाले : देश के बाहर।

अरे : कहाँ जाएँगे हम? सिपाही हमें कहाँ भेजेंगे?

कहलूकहाले : वह सीमा के पार कर देंगे। जहाँ जाओ, इससे उन्हें कोई मतलब नहीं।

अरे : अगर यही है, यही सही।

कहलूकहाले : मगर तू कहीं नहीं जाएगी। यह देश जितना दूसरे का है, उतना तेरा भी है। तू यहाँ की मूल बाशिन्दा है।

अरे : कागज...!

कहलूकहाले : वह हो जाएगा, सब हो जाएगा।

अरे : कोठीवाला कुछो नहीं करेगा।

कहलूकहाले : करेगा, करेगा। वह नहीं करेगा, आगे जाऊँगा। यह लड़ाई तेरी अकेली की नहीं, मेरी भी है। लुप्त प्राय: हो रही जातियों को बचाने की लड़ाई है। मैंने अपने सात अमूल्य वर्ष उसी के अध्ययन में बिताए हैं। लगभग पाँच हजार पृष्ठों का एक वृहद उपन्यास मैंने उन्हीं को आधार बनाकर लिखा है। बस, उसे अन्तिम टच दे रहा हूँ। मैंने अपनी अर्जित सारी कमाई दुनिया के देशों और अपने देश के जंगली-पहाड़ी इलाकों में भ्रमण कर इसी शोध में खर्च किए। यह काम मेरा जब प्रकाशित होगा तो शब्दों की महत्ता समझनेवाले समझ जाएँगे कि छूटे हुए चेहरे किसके हैं और उनसे उनका कोई रिश्ता बनता है कि नहीं।

अरे : तू क्या बोलता है कभी-कभी समझ में नहीं आता। थोड़ा तू पागल है।

कहलूकहाले : तुझे आज समझ में आया।

अरे : वह तो मैं जानती हूँ पहले से। इतना चलेगा।

कहलूकहाले : देख घबड़ाना नहीं है। सब हो जाएगा।

अरे : मान ले नहीं हुआ तो?

कहलूकहाले : कैसे मान लें कि तू यहाँ की नागरिक नहीं है। कई पीढ़ियों से रह रही है।

अरे : कागज जो नहीं है।

कहलूकहाले : उसका उपाय किया जाएगा।

अरे : माँ बहुत सोचती रहती है, उसका क्या करूँ?

कहलूकहाले : समझा कि कुछ नहीं होगा।

अरे : समझाती हूँ लेकिन उसके अन्दर परायेपन की हूक बैठ गई है। हूक समझता है।

कहलूकहाले : समझता हूँ।

अरे : तू मुझे झूठी आशा तो नहीं दे रहा है न!

कहलूकहाले : झूठी आशा क्यों दूँगा। तेरे साथ हूँ। हर पल, हर समय।

रास्ता निकलेगा। तू इस देश की उन आदिम जातियों में से है जिसे ई. पूर्व छठवीं शताब्दी में कृषि का थोड़ा ज्ञान था। घुमन्तू होना बुरा कहाँ है। पूरी दुनिया का इतिहास घुमन्तुओं के धागे से बुना हुआ है। मानता हूँ कि यह प्रमाण का युग है, सरकारें प्रमाण खोजती हैं नागरिक होने का, कोई एक देश नहीं, दुनिया के सभी देश।

अरे : जिनके पास प्रमाण नहीं है?

कहलूकहाले : फिर वही बात। तू इतना उल्टा क्यों सोचती है?

अरे : मैं उल्टा पैदा हुई थी और तू?

कहलूकहाले : नहीं पता।

अरे : तेरी माँ से पूछूँगी एक दिन।

कहलूकहाले : ठीक है, हाँ, कल सभी लोगों के फोटो, नाम, पता सब एक बार फिर देना मुझे। जिला मुख्यालय जाऊँगा। मेरा एक दोस्त कलक्टर है, उसका दरवाज़ा खटखटाऊँगा। चाहता नहीं था उसके पास जाना। लेकिन कहते हैं कि अपनी गरज से...।

अरे : फिर क्यों जा रहा है?

कहलूकहाले : जाना जरूरी है। नहीं पता वह कितना कारगर साबित होगा। इनसान को बदलते देर थोड़ी लगती है। दिखता कुछ है, रहता कुछ। खैर, आजमाने में क्या है। सिर्फ़ उसी का भरोसा थोड़ो है। सबसे बड़ा है अपने पर भरोसा रखना और वह भरोसा मेरे पास है।

अरे : एक बात तुझसे कहना भूल गई थी...।

कहलूकहाले : क्या?

अरे : पंथा ठीक आदमी नहीं है।

कहलूकहाले : क्या हुआ?

अरे : उसकी गिद्ध दृष्टि है।

कहलूकहाले : मरे हुए पर गिद्ध टूटते हैं जिन्दा पर थोड़ो ही। तू तो जिन्दा है। जिन्दा माने जिन्दा। जिसका जमीर जिन्दा हो, वैसा जिन्दा। तुझे काहे का डर। क्या उसने कुछ कहा?

अरे : उसने जो कहा, उसकी भाषा में मैंने भी उसे सुना दिया। कोठीवाला सर भी था।

कहलूकहाले : उन्होंने कुछ कहा।

अरे : वह उसको बचाने में लग गया। उसका चेहरा स्याह हो गया था। बतावें कैसे!

[कहलूकहाले के कान में अरे कुछ कहती है। कहलूकहाले मारने दौड़ता है। वह खिलखिलाने लगती है कि दृश्य लोप हो जाता है।]

दृश्य-7

[मंच पर प्रकाश फैलता है। एक चबूतरा नजर आता है जिस पर पंथा बैठा हुआ है और उसके सिर के पीछे समुझ खड़ा है। वह पंथा के कन्धे और सिर की मालिश कर रहा है।]

समुझ : हरी झंडी मिल गई न हुजूर!

पंथा : सर ने कह दिया, सो कह दिया।

समुझ : किस पार्टी से हुजूर?

पंथा : जिस पार्टी की लहर होगी।

समुझ : बरियार पार्टी से लीजिएगा जिसका विचार बरियार हो।

पंथा : उससे कुछो नहीं होता।

समुझ : हुजूर!

पंथा : उन्माद पैदा करना होता है।

समुझ : समझा नहीं।

पंथा : पइसा, जाति, सपना दिखाना ही काफी नहीं है। उन्माद में जनता को लाना होता है।

समुझ : हुजूर!

पंथा : सर कुछ बाकी नहीं छोड़ेंगे। कितनों को धूल से उठाकर कहाँ चहुँपा दिया। आज न अथी भालू का मुखौटा पहनकर

सिर मटकाता है। उसके पहले दसियों लोग भालू बनकर बिटिया रानी का मन बहलाते रहे और मन बहलाव करते-करते ऊँची कुर्सी पर जा पहुँचे, शासन कर रहे हैं। आगे-पीछे उनके बॉडीगाड है।

समुझ : क्या अथी भी कल उस कुर्सी पर चहुँपेगा?

पंथा : नहीं, वह तो हुलहुलिया है। उसकी जाति के लोग बेसी कहाँ हैं? पइसा कहाँ है, अगर यह सब होता भी तब भी नहीं पहुँच पाता। काग़ज़ जो नहीं है। यहाँ का बाशिन्दा थोड़ो है। घुसपैठिया है, घुसपैठिया।

समुझ : हुजूर, आप मुखौटा काहे नहीं अथी से ले लेते हैं?

पंथा : कई दिन उससे मुखौटा छीनकर, मैंने धारण किया और भालू का जो नाच दिखाया कि बिटिया रानी ताली बजाने लगी उछल-उछलकर।

समुझ : हुलहुलिया सब बाइली है न हुजूर!

पंथा : और क्या!

समुझ : लेकिन कहलूकहाले कहता है कि वह यहाँ का मूलवासी है।

पंथा : उसको बुझाता है कुछ! मूलवासी कहने से होता है!

समुझ : कोठी में दौड़-दौड़कर जाता है।

पंथा : सर बूझ गए हैं उसे। कुछ कहते नहीं। बड़े आदमी हैं। सबकी सुनते हैं। न नहीं कहते किसी को। कहते हैं कि कोशिश करेंगे। इसका मतलब मैं समझता हूँ कि वह टाल रहे हैं, दूसरा नहीं समझेगा। वैसे कौन सा ऐसा काम है जो सर चाह लें और वह न हो।

समुझ : हुजूर, हमारे सर तो आप हैं। बनावे पैग!

पंथा : बाहर गया था। वहाँ ले लिया, पेट गुड़-गुड़ कर रहा है।

समुझ : एक बार खड़ा होने भर की देर है। मंत्री पद कहीं नहीं गया।

पंथा : देखो।

समुझ : हुजूर, मंत्री जब बनिएगा जहाज पर चढ़ा दीजिएगा, सरधा

पूरी हो जाएगी। देवी-देवता उड़ते थे उड़नखटोला पर, वैसे ही एक बार...।

पंथा : जहाज कौन बड़ी चीज है। कौन पूछता है उसे। जब चाहेगा, चढ़ा देंगे। आज कहेगा, आज के आज। जिसको राह चलने का नहीं ढंग वह भी जहाज पर उड़ रहा है।

समुझ : हुजूर के माथे पर जब मंत्री का मुकुट रखाएगा, घरवाली को लेता आऊँगा। उसका बहुत शौक है, उसने दिल्ली कभी नहीं देखा है। बताती है कि बाइस्कोप में कुतुबमीनार, लालकिला देखा है लड़कपन में। ले आएँगे न सर!

पंथा : लेते आना।

समुझ : हुजूर, चुनकर विभाग लीजिएगा, बेसी पावरवाला।

पंथा : वह तो सर ही न दिलाएँगे।

समुझ : एक बार सर से कहिएगा कि देते हैं तो दिल खोलकर दीजिए।

पंथा : न, न, मेरा बोलना ठीक नहीं।

समुझ : काहे, हुजूर?

पंथा : तू नहीं समझेगा, राजनीति में अधिक लार टपकाने से मामला गड़बड़ हो जाता है।

समुझ : पैग बनावे हुजूर!

पंथा : रुक जाओ, पेट गुड़गुड़ कर रहा है।

समुझ : कहीं गैस तो नहीं बन गया। जरा शर्ट खोलिए, पेट पर ऊँगली घुमाकर अभी ठीक कर देता हूँ।

[पंथा शर्ट खोलता है।]

पंथा : कहलूकहाले को भी रास्ते से हटाना होगा।

उसकी आँखों की मणि है अरी
बनाकर रखना चाहता है अपनी रानी उसे
वह नीच हुलहुलिया अरी
अपने शब्दों के विषवाण से घायल करती है मुझे जब-तब
करूँगा नहीं क्षमा कभी

करूँगा ऐसा वार कि तड़पकर रह जाएगी वह।

समुझ : जरूरी है हुजूर।

पंथा : पेट पर ऊँगली घुमाने से गुड़गुड़ाना ठीक हो जाएगा?

समुझ : एकदम हुजूर! हाथ का कमाल देखिए हुजूर। पहले मैं नेचरोपैथ में था। वैद जी के साथ मिलकर कायाकल्प कराता था। अभी देखिए हुजूर!

[समुझ अपनी उँगलियाँ पंथा के पेट पर घुमाता है। पंथा को गुदगुदी होती है। वह खी-खी हँसता है, उछलता है कि दृश्य लोप हो जाता है।]

दृश्य-8

[मंच पर हल्की रोशनी आती है। रात का समय है। उपान्त चोचे की कोठी के कमरे का दृश्य उभरता है। कहलूकहाले बिस्तर पर लेटा है। अचानक नींद में चिल्लाता है। नींद टूटती है, उठकर बैठ जाता है। उपान्त चोचे आवाज सुनकर अपने कमरे से निकल कर आता है।]

उपान्त चोचे : क्या हुआ? तबियत ठीक तो है?

[उपान्त सुराही से पानी ढालकर गिलास में देता है।]

उपान्त चोचे : लो, पी लो।

कहलूकहाले : *(थोड़ा पानी पीते हुए)* नींद में मैं डर गया। पूरा द्वीप टूटकर गिरने-गिरने जैसा हो रहा था। लगता था कि अब गिरा कि तब गिरा। किसी ने बताया कि नए लोगों को ऐसा ही लगता है। यहाँ के लोग इसके अभ्यस्त हैं। मैं द्वीप के जिस छोर पर था, उधर से कोई जहाज जब गुजरता था तो वह और जोर-जोर से काँपने लगता था। मुँह का कौर बाहर आ जाता था। अचानक द्वीप के मुखिया की कुर्सी जोर-जोर से हिलने लगी कि घंटी घनघनाने लगी। एक-एक कर पाँच आदमी

दौड़कर आए। चार लोग एक-एक पैर पकड़कर कुर्सी का बैठ गए। पाँचवाँ आदमी कुर्सी के पीछे खड़ा हो गया। वह द्वीप का मुखिया था। उसने अपने कैबिनेट की बैठक तुरन्त बुलायी और निर्णय लिया कि द्वीप पर से बोझ कम किया जाए। मुखिया के सलाहकारों ने उसकी हाँ में हाँ मिलाते कहा, अवश्य, यदि यहाँ से कुछ लोगों को हटाने से बहुत की जिन्दगी बच जाती है, कोई हर्जा नहीं है, उन्हें हटाया जाना चाहिए। बात यह हो रही थी कि तभी धुँधलका छा गया। नजदीक की चीज दूर दिखने लगी। चेहरे पास के धुँधले- धुँधले-से हो गए। तभी समुद्र में लोगों के फेंके जाने की चीख सुनाई पड़ने लगी। आदमी डूबने लगे मगर पानी के ऊपर उनके सपने तैरने लगे। वे बहकर धीरे-धीरे किनारे आने लगे। मैंने उन्हें देखा और उन सपनों को हाथ बढ़ाकर छानने लगा, उसी क्रम में किसी-किसी डूबते आदमी के हाथ भी पकड़ में आ गए। उन्हें खींचकर मैंने किसी तरह बाहर किया और अपने कमरे में जाकर छिपा दिया हुक्मरानों की नजरों से बचाकर। इतना कुछ घट रहा था मगर द्वीप पर रह रहे अधिकांश लोगों पर इसका कुछ भी असर नहीं था। वह जश्न में डूबे हुए थे। चटखारे लेकर गटक रहे थे गोश्त। पी रहे थे, कर रहे थे डांस। चूम रहे थे एक-दूसरे को। दूसरी तरफ संगीत विद्यालयों में घुसकर कुछ बेसुरे पीट रहे थे ड्रॉम। यह सब कुछ अहिंसा और लोकतंत्र के नाम पर चल रहा था। बर्दाश्त से बाहर था मेरे लिए। मैंने अपने करीबी लोगों से बात करनी चाही मगर वे अपने मोबाइल पर व्यस्त थे। अन्त में उनके घर गया उनसे मिलने मगर वे तब तक रोबोट में तब्दील हो गए थे। उल्टे पैर लौट आया इस खयाल से कि दरवाज़ा तो खुला ही रह गया। शंकाएँ मेरे अन्दर उठने लगीं और वही हुआ जिसका डर था। मुस्टंडों ने घर में मेरे घुसकर तहस-नहस करते हुए छिपे हुए लोगों को दबोचा और उठाकर उन्हें फिर समुद्र

में फेंकने लगे। मैं चिल्लाया, कि ऐसा मत करो, ऐसा मत करो, तुम्हारे पैर पड़ता हूँ। छोड़ दो। तुम भी इनसान की ही औलाद हो, छोड़ दो, छोड़ दो, हाथ जोड़ता हूँ। उन्होंने मेरी एक न सुनी। उल्टे मेरी नाक पर एक जोरदार घूँसा जड़ दिया। देखो, मेरी नाक से खून बह रहा है। रूमाल निकालो, निकालो रूमाल मेरी पैंट की जेब में है। निकालो जरा।

उपान्त चोचे : तुम ठीक हो, तुम्हें कुछ नहीं हुआ है। बुरा सपना था भूल जाओ।

कहलूकहाले : *(नाक छूते हुए)* आईना दो मुझे।

उपान्त चोचे : फिर कहता हूँ कि वह बुरा सपना था, भूल जाओ। इतना ऊल-जलूल सोचते रहते हो इधर-उधर की...।

कहलूकहाले : समय कितना हुआ?

उपान्त चोचे : सुबह होने को है। तुम कुछ दिनों मेरे पास रहोगे, सारी चिन्ता-फिक्र छोड़। मस्ती से खाएँगे, पीएँगे, गप्प मारेंगे। यार कितने दिन हो गए दिल की बात किए हुए। ज्ञान-वान की बात अच्छी नहीं लगती हर समय। तू पहाड़ का चक्कर छोड़ दे कुछ दिन।

कहलूकहाले : लेकिन मैं तो पहाड़ के ही काम से तेरे पास आया हूँ।

उपान्त चोचे : काम की बात ऑफिस में करेंगे, घर पर नहीं। कुछ और बातें करेंगे। मैं तुझे महीनों से मिस कर रहा था। तू मोबाइल क्यों नहीं रखता? तुझे मैं एक अच्छा मोबाइल दूँगा। अपने लिए न सही, दोस्तों के लिए तो रख। मन घबड़ाता है, किसी अपने से बात करने का जी करता है, तुझे खोजता हूँ। समझ रहा है जो कह रहा हूँ!

कहलूकहाले : मोबाइल रखने से सफरिंग का पता नहीं चलता और वही मैं नहीं चाहता।

उपान्त चोचे : क्या बोला सफरिंग!

कहलूकहाले : ठीक सुना, हाँ, सफरिंग! एक-दूसरे की कमी जो खलती है, जो मिलने की बेचैनी होती है, उससे जुड़ी कितनी चीजें मुझे अपने पास आने को करती हैं विवश। मेरी दिनचर्या

की बुनावट में रहती हैं वे धागे की तरह। उन्हीं की ऊष्मा है मुझमें। मैं महसूस करता हूँ उन्हें और उन्हें भी जिन्होंने मुझे देखा नहीं है अब तक।

उपान्त चोचे : कितने दिनों से चना का होरहा नहीं खाया। तू आया है ठीक चने की फसल के समय। खेत से उसके डाँठ को उखाड़ बाज़ार में कुछ लोग बेचने आते हैं। लाता हूँ चने की झंगड़ी, लगाता हूँ होरहा।

कहलूकहाले : पहले आम के बगीचे में सूखी पत्तियाँ बटोरकर लगाते थे होरहा। भूने हुए चने की खोल से दाना कितना गर्म निकलता था, सींझा हुआ मगर हरापन उसका बना रहता था। झाड़कर खाने पर भी होंठ पर लग ही जाती थी उसकी राख। गोइठा यहाँ मिल जाता है?

उपान्त चोचे : पता करता हूँ।

कहलूकहाले : मोबाइल इसके बीच में मत लाना वरना सफरिंग का पता ही नहीं चलेगा। हम शॉर्टकट रास्ता खोजने के चक्कर में कबीली जिन्दगी से निकलकर फिर कबीली जिन्दगी में पहुँच गए। भाग रहे हैं इस शहर से उस शहर। लगातार भाग रहे हैं। सुबह के नाश्ते का नाम भी भूल गए। कितना नाम था उसका—जलपान, जलखरी, नहारी...। बस, अब याद रहता है ब्रेकफास्ट। अपनी बोली को दफन कर दिया मैंने अपने हाथों से, कुछ लोगों के पास यदि उनकी बोली बची हुई है तो हम उन्हें कहते हैं पिछड़े हुए लोग। यदि हमें बचना है तो जानवर वाली प्रवृत्ति से बाहर निकलना होगा।

उपान्त चोचे : कौन सी प्रवृत्ति?

कहलूकहाले : यही कि यदि जंगल में कोई हाथी मर गया तो दूसरे जानवरों को कोई फर्क नहीं पड़ता। कोई जानवर पलटकर भी नहीं देखता। कोई शोक उनके लिए नहीं करता। कोई कनसर्न नहीं।

उपान्त चोचे : हाँ, हम सन्त होते जा रहे हैं।

कहलूकहाले : ऐसा, सन्तों के साथ अपना क्या मेल।

उपान्त चोचे : सहिष्णुता, करुणा घटती जा रही है।

कहलूकहाले : सहिष्णुता की बात कर रहा है! सहिष्णुता का बड़ा पैरोकार अमेरिका अपने को कहता है। उसके कारनामे सुनेगा तो रोंगटे खड़े हो जाएँगे। वहाँ की सरकार ने एक कानून पारित किया कि अमेरिका की ज़मीन पर जो बच्चा पैदा होगा, वह स्वतः अमेरिका का नागरिक हो जाएगा। बाहरी मुल्कों के लोग जो रोजी-रोटी के लिए वहाँ गए, उनमें से कइयों के बच्चे वहाँ पैदा हो गए। संयोग से उनके वीजा का मियाद पूरा हो गया। बच्चे को अमेरिकी सरकार ने अपने बच्चा घरों में भेज दिया और उसके माँ-बाप को कर दिया देश के बाहर। माँ-बाप मिन्नतें करते रह गए कि हमें हमारे बच्चों से अलग मत करो मगर सुनता कौन है।

उपान्त चोचे : मैंने कहा था कि हम कोई गम्भीर बात नहीं करेंगे।

कहलूकहाले : हमारे चारों तरफ घटनाएँ घट रही हैं, उनसे कैसे आँखें मूँदी जा सकती हैं?

उपान्त चोचे : याद है, तू जो बरसों पहले गाता था लोहे का गीत...

कहलूकहाले : लोहे का गीत!

उपान्त चोचे : हाँ, धार चढ़ाने का, भूल गया?

[कहलूकहाले हँसता है। उपान्त चोचे हारमोनियम लाता है। कहलूकहाले के पास में आकर बैठता है। संगीत उठता है।]

भइया लोहरू, भइया लोहरू
धार चढ़ाओ, तनी सान चढ़ाओ
चोख करो औजार
चोख करो औजार भइया लोहरू
लोहा है लहरदार भइया लोहरू
चोख करो औजार...

[गायन के धीमा होने के साथ धीरे-धीरे दृश्य लोप हो जाता है।]

दृश्य-9

[मंच पर प्रकाश फैलता है। पहाड़ के एक टीले के पास चरनी इशारे से पंथा को बुलाती है। पंथा इधर-उधर देखते उसके नजदीक आता है।]

पंथा : क्या है जल्दी बोल। कोई देख लेगा बात का बतंगड़ हो जाएगा। कुछ काम बना?

चरनी : कहलूकहाले जिला मुख्यालय गया है। अरे बता रही थी कि वहाँ साहेब, सूबा से मिलेगा। नागरिक रजिस्टर में हुलहुलिया का नाम दर्ज करवाएगा।

पंथा : उसने कहा और तुमने मान लिया। इतना आसान है क्या! दाल-भात का कौर है?

चरनी : हुलहुलिया लोगों का फोटो भी ले गया है! उसका कलक्टर दोस्त है। उसी से काम कराएगा। पावरवाला है।

पंथा : पावर-फावर नहीं चलेगा, नकली भोटिंग कार्ड बनवाने से होगा! कितना लोग धरा गया। कूड़ेदान में पड़ा है टोकरी का टोकरी दो नम्बरी आधार कार्ड, भोटिंग कार्ड।

चरनी : न, न, कार्ड-वार्ड किछु नहीं है।

पंथा : तब छुछुआने दे, छुछुआकर मर जाएगा। कुछ होने-हवाने को नहीं है। छोड़ यह सब। काम कुछ बना?

चरनी : हिम्मत नहीं हुई कहने की।

पंथा : वह साली खा जाती? बात करने में क्या हर्ज था। तुमको अलग से कुछ देने को बोला था कि नहीं!

चरनी : सो तो ठीक लेकिन तुम मुझे ठगते हो।

पंथा : बोल क्या ठगा?

चरनी : *(हाथ की अँगूठी दिखाते हुए)* यह जो हाथ की मुनरी तुमने दी थी, देते समय क्या बोला था कि खाँटी सोना है। कहा था कि मेरी माँ ने मेरी पत्नी को मुँह देखायी में दिया था, सो तुम्हें दे रहा हूँ। यही कहा था न?

पंथा : इसमें झूठ क्या है?

चरनी : सोनार की दुकान में गई थी। सोचा साफ करवा लूँ उसे। सोनार हाथ में लिया, देखा, उठाकर फेंक दिया मेरे आगे। डाँटते बोला—पीतल साफ करवाने आयी है! दूसरा सुनार भी वही बोला। जब वह सोना था तो पीतल कैसे हो गया? ऊपर से चार बात सुनना पड़ा।

पंथा : रखे-रखे जब बहुत दिन हो जाता है तो सोना पीतल हो जाता है। उसमें सोना का कौन दोष, और मेरा क्या दोष! सोना ने रंग छोड़ दिया, पीतलवाला रंग धरा गया। धातु का कोई ठीक है, कब क्या हो जाए। आदमी का तो ठीक ही नहीं है, वह तो धातु है।

चरनी : समुझ से पूछा मैंने कि सोना था, पीतल कैसे हो गया। समुझ हँसा मेरी बात को सुनकर। उसने कहा, तुझे कोई ठग लिया है। सोना कभी पीतल नहीं होता। सोना सोना है। वह हजार वर्षों के बाद भी सोना ही रहेगा।

पंथा : उसने ऐसा कहा?

चरनी : क्या मैं झूठ बोलूँगी।

[पंथा समुझ को आवाज़ देता है। समुझ भागता हुआ आता है कमीज कन्धे पर रखे हुए।]

समुझ : हुजूर!

पंथा : तूने क्या बोला कि सोना कभी बदलता नहीं?

समुझ : जी, हुजूर!

पंथा : तू कितना पढ़ा-लिखा है?

समुझ : मैट्रिक पास।

पंथा : तूने राजा हरिश्चन्द्र का नाम सुना है?

समुझ : जी, हुजूर चक्रवती सम्राट थे, अयोध्या नगरी के।

पंथा : उन्हें डोम के घर पानी भरना पड़ा था कि नहीं?

समुझ : जी, हुजूर, समय जो न करावे।

पंथा : राजा हरिश्चन्द्र राजा थे। लेकिन क्या समय ने उनके माथे पर सोने का मुकुट रहने दिया, बोल सोना रहने दिया? वह क्या मिट्टी नहीं हो गया?

समुझ : जी, हुजूर।

[चरनी यह सुनकर खिलखिलाकर हँस पड़ती है। पंथा समुझ को जाने का इशारा करता है। वह चला जाता है।]

चरनी : समुझ कुछ नहीं जानता। मैं नाहक आप पर शक कर रही थी।

पंथा : इसलिए कहता हूँ मेरे-तेरे बीच जो बात हो उसको उघार मत कर।

चरनी : ठीक कहते हैं।

पंथा : बहला-फुसलाकर अरे को मेरे पास ले आ। उससे बोल कि मेरे साथ दोस्ती करेगी तो रानी बनकर पान कूचेगी।

चरनी : यहाँ रहेगी तब तो?

पंथा : तुमको कहने में क्या जाता है।

चरनी : हुलहुलिया सब घबड़ाया हुआ है। एक जून खा रहा है, एक जून नहीं। कभी-कभी बना हुआ खाना चूल्हे पर धरा का धरा रह जाता है। कोई मुँह भी नहीं लगाता। हिम्मत नहीं होती ऐसे में कहने की।

पंथा : अरे को मैं अपना ब्याहता बना लूँगा। यहाँ की नागरिक हो

जाएगी। बोल उससे कि रानी बनकर रहेगी, पान कूचेगी।

चरनी : अरे अपनी माँ को अकेली कैसे छोड़ेगी बिना ठिकाना के?

पंथा : ब्याह के बाद क्या लड़कियाँ ससुराल अपनी माँ को लेकर जाती हैं?

चरनी : माँ को अनिश्चय में नहीं छोड़ेगी वह।

पंथा : तब तू कहना चाहती है कि उसकी माँ को भी जगह देनी पड़ेगी, वह मुझसे नहीं होगा। सबका ठेका मैं नहीं लेता।

चरनी : आप नागरिक रजिस्टर में नाम दर्ज नहीं करवा सकते?

पंथा : काहे नहीं, करवा सकता हूँ लेकिन अरे बोलेगी तब तो।

चरनी : मैं कहती हूँ।

पंथा : सुन, सुन, अरे से न कहना, बाकी हुलहुलिया से बोलना। हुलहुलिया तब अरे को बोलेगा मुझसे मिलने के लिए, तब वह आएगी। आएगी मेरे पास जैसे तू आती है लोगों से नजर चुराकर।

चरनी : कोई आ रहा है...।

[दोनों इधर-उधर होते हैं कि रोशनी हो जाती है विलुप्त।]

दृश्य-10

[मंच पर रोशनी फैलती है। जिलाधिकारी के ऑफिस का दृश्य उभरता है। कलक्टर से मिलने की प्रतीक्षा में कहलूकहाले बाहर बैठा हुआ है। चैम्बर के अन्दर से घंटी बजती है। चपरासी अन्दर जाता है, बाहर आकर कहलूकहाले को अन्दर भेजता है।]

जिलाधिकारी : हाँ, मिस्टर कहलूकहाले, बोलिए अब कौन-सी समस्या आन खड़ी हुई। सच, आप जीवट वाले इनसान हैं।

कहलूकहाले : नागरिक रजिस्टर में नाम दर्ज होने को लेकर लोगों में अफरा-तफरी मची हुई है। हदस में कई औरतों के गर्भ गिर गए, लोगों की आँखों से नींद गायब है। उनका जो यहाँ के हवा-पानी से जुड़ाव है, रस्मो-रिवाज, पर्व-त्योहार, विवाह, मरनी-करनी में सहभागिता है, उससे एक झटके से टूटकर अलग होने का भय सता रहा है। मुँह से उनकी बोली गायब है। जवाब देना है कुछ, देते हैं कुछ। कइयों के हार्ट फेल हो गए। जो बचे हुए हैं उनके साथ मानवीय न्याय होना चाहिए, इस बारे में आपको कई बार लिखा और आज भी उसी उम्मीद को लेकर आया हूँ कि आप निराश नहीं करेंगे।

जिलाधिकारी : आप एक प्रतिष्ठित लेखक हैं। हम आपकी इज्जत करते

हैं। ऐसा नहीं है कि आपकी भावना को समझता नहीं। मगर ऐसा है कहलूकहाले जी, मैं कानून से बँधा हुआ व्यक्ति हूँ। आपसे भी कानून की इज्जत करने की अपेक्षा रखता हूँ। आपको पता है कि हमारे देश में दूसरे देशों के घुसपैठियों ने आकर शरण ली है और यहाँ आकर वे क्या-क्या कर रहे हैं, वह भी आपसे छिपा हुआ नहीं है। अराजक, बर्बर हैं वे। वे हमें चैन से रहने नहीं दे रहे हैं। सरकार सिर्फ़ उनसे यही कह रही है कि काग़ज़ दिखाओ कि कबसे रह रहे हो। एक सरटेन अवधि सरकार ने तय किया है जिसके बारे में आपको पता है। यदि उसके भीतर आप आते हैं, यहाँ रहिए, चाहे किसी देश के हों, हम आपको मान लेंगे अपना नागरिक। तय अवधि के बाद यदि आप आए हैं, तो आपको जाना पड़ेगा। अब आप बताइए, इसमें क्या गलत है। कहाँ उनके साथ मानवीय व्यवहार नहीं हो रहा है! कानून के अन्तर्गत नहीं आते हैं, जाइए, कहीं और लूटमार कीजिए। हमें सिर्फ़ आतंकवादियों से ही खतरा नहीं है, इन घुसपैठियों से भी है। मैंने आपसे कई बार अनुरोध किया कि गफलत से यदि जनविन लोगों के नाम छूट गए हैं उनके काग़ज़ ठीक करवाइए, नागरिक रजिस्टर में नाम जुड़वाइए। हमारी मदद कीजिए।

कहलूकहाले : क्या अवधि तय करने के मापदंड का ईमानदारी से पालन हो रहा है? कुछ नए, पुराने खाने में डाल दिए गए हैं और कुछ पुराने बाशिन्दे नए खाने में। कुल मिलाकर घालमेल है। तीन-तीन पीढ़ियों से रहने वाले नए घुसपैठियों में शामिल हैं। यह घालमेल बड़े ऊँचे स्तर का खेल है। जाति-सम्प्रदाय देखा जा रहा है। कुछ जातियाँ घुमन्तू हैं लेकिन यहाँ बरसों-बरस से रह रही हैं मगर उनके पास यहाँ रहने के जो काग़ज़ खोजते हैं आप, वह नहीं हैं। वे प्रवासी पंछियों की तरह साल में दिख जाते हैं एक बार कुछ दिनों के लिए। न्याय हो उनके साथ, बस, मैं यही चाहता हूँ। यह मानवता के

सामने आन्तरिक संकट का मामला है।

जिलाधिकारी : आप घुसपैठियों की वकालत कर रहे हैं?

कहलूकहाले : वकालत नहीं, न्याय के लिए अनुरोध कर रहा हूँ। वह भी कानूनसम्मत जो हो।

जिलाधिकारी : आप आन्दोलन चलाना चाहते हैं। कुछ औरतें रात में थालियाँ बजाती हैं। सुबह के अखबारों से मालूम होता है कि नागरिक रजिस्टर में धाँधली के विरोध में गृहणियों का प्रतिकार। इसके पीछे सुनने में आता है कि आप हैं। सरकार इस गीदड़भभकी से डरनेवाली नहीं है।

कहलूकहाले : मैंने ऐसा करने को नहीं कहा किसी को और यदि ऐसा हो रहा है तो यह उनका मौलिक अधिकार है विरोध दर्ज करना। अच्छा है, कुर्सी पर बैठनेवालों के कानों में आवाज़ पहुँचनी चाहिए जिससे वे जान सकें कि बाहर सब कुछ ठीक-ठाक नहीं है। समस्या मानवता के सामने है, मानवीय होकर विचार करना होगा।

जिलाधिकारी : आप अपना समय ज़ाया कर रहे हैं मिस्टर कहलूकहाले। एक लेखक का यही काम है जो आप कर रहे हैं?

कहलूकहाले : जी, लेखक का यह भी एक काम है, अन्याय का प्रतिकार। मानवीय ढंग से विचार करने की प्रार्थना करना अलेखकीय कैसे हो सकता है? लेखक जो समाज से मुँह फेर लेता है, वह माल पैदा करनेवाली मशीन से अधिक कुछ भी नहीं।

जिलाधिकारी : कहलूकहाले जी, यह एक सेंसिटिव मामला है। सोच-समझकर बोलिए, राष्ट्र की बात है। कोई ऐसा कदम मत उठाइए जिससे कि राष्ट्र की अस्मिता पर आँच आए। देशद्रोह के अन्तर्गत जेल में डाल दिए जाएँगे, सड़ जाएँगे, जमानत नहीं होगी या देश के बाहर का रास्ता दिखा दिया जाएगा। होश ठिकाने आ जाएगा।

कहलूकहाले : आप धमका रहे हैं?

जिलाधिकारी : नहीं, समझा रहा हूँ।

कहलूकहाले : समझा नहीं रहे हैं, सवालों से भाग रहे हैं आप। अपनी

सुविधा के अनुसार राष्ट्रीयता की परिभाषा गढ़ रहे हैं। इससे इनसानों की दुविधा बढ़ेगी। सुविधा की राजनीति दुविधा पैदा करती है। यह ठीक नहीं है। मैं दुविधा को दूर करने की बात कर रहा हूँ। लोगों की तकलीफ़ों को समझने का अनुरोध कर रहा हूँ। उन्मादी लोग अपनी कमीज का आस्तीन चढ़ाए नारे लगा रहे हैं कि बर्मा जाओ, बांग्लादेश जाओ, नेपाल जाओ, जहाँ सिर अटे, वहाँ जाओ मगर हमारा देश खाली करो। यहाँ तक कि अस्पतालों में घुसकर नारा लगाने से भी बाज नहीं आते। इतनी अमानवीयता ठीक नहीं।

जिलाधिकारी : इसको मैं करवा रहा हूँ?

कहलूकहाले : ऐसा तो मैंने नहीं कहा। वस्तुस्थिति यही है, यह कहना चाहता हूँ।

जिलाधिकारी : मिस्टर कहलूकहाले, आपकी भावुकता भरी बातों में मैं आनेवाला नहीं। आपके कहने का आशय है कि घुसपैठियों के प्रति नरम रूख किया जाए। आप कहते हैं कि इतने दिनों से जो रह रहे हैं, वे अब कहाँ जाएँ? मेरा कहना जहाँ से आए हैं, वहाँ जाएँ।

कहलूकहाले : अब वहाँ उनका कुछ नहीं है, जो है सो यहाँ है। पानी, मिट्टी, धूप, बारिश, सुख, दु:ख, हित, नात, नाच, गान, जीवन, मरण, प्यार, वार सब। इसे छोड़कर जाने के लिए कह रहे हैं आप!

जिलाधिकारी : एक दिन आपने ही कहा था कि दो देशों के बीच में जहाँ लावारिस जगह पड़ी है वहाँ वे लोग रहते हैं जिनके पास अपना कोई देश नहीं है। जिनके पास कोई देश नहीं है, वहीं ये लोग जाएँ। आप उन्हें देश दिलाना चाहते हैं? लावारिशों को लावारिश जगह ही होना चाहिए।

कहलूकहाले : पूरी दुनिया के लोगों को एक न एक दिन उसी लावारिस जगह में जाना पड़ता है जहाँ कोई उत्पाद नहीं होता, जहाँ कोई किसी का इन्तजार नहीं करता दरवाज़े पर खड़ा होकर। जहाँ कोई कॉलबेल नहीं बजती, फ़ोन की घंटी नहीं सुनाई

पड़ती, कोई हँसी नहीं उठती।

जिलाधिकारी : इन दार्शनिक बातों का समय नहीं है। टू द प्वाइंट बात कीजिए। बात करने के लिए आपके पास कोई दूसरा एजेंडा है भी कि नहीं। ले-देकर एक ही राग अलापते रहिएगा!

कहलूकहाले : महाशय! वे जीना चाहते हैं। उन्हें जीते-जी मौत के मुँह में मत ढकेलिए। वे भी इनसान हैं, हमारा फर्ज बनता है कि हम उनके साथ इनसान की तरह व्यवहार करें। एक इनसान के बनने में पूरी कायनात का योगदान होता है। हवा, पानी, सुगन्ध, व्यवहार, शोक, उत्सव, सभी का, मौन का भी।

जिलाधिकारी : दो शब्दों में अब आपसे जो कहने जा रहा हूँ, उसको ध्यान से सुनिए, इसके बाद आपसे बात नहीं करूँगा। मुझे मीटिंग में जाना है, निकल जाऊँगा। पहली बात है कि आप आगे से मुझसे मिलेंगे नहीं। जब भी आप मिलते हैं उस रात मैं सो नहीं पाता। अपने आपसे मुझे डर लगने लगता है। नौकरी छोड़ने के लिए मानो मेरे भीतर से कोई उकसाता है। बहुत मुश्किल से अपने को सँभालता हूँ। मैं आपकी तरह नहीं, अपनी तरह जीना चाहता हूँ। वह सब कुछ हासिल करना चाहता हूँ जो बाप-दादों को मयस्सर नहीं हुआ। दूसरी बात यह कि जिस उपान्त चोचे को आप जानते थे, अपना दोस्त समझते थे, उसे मैंने धीरे-धीरे मार दिया। नाम का आवरण मात्र बचा है और आवरण से किसी से किसी का कोई रिश्ता नहीं होता। ओ...के...मिस्टर कहलूकहाले...।

[जिलाधिकारी अपनी कुर्सी से उठते हैं। कहलूकहाले भी उठता है और चुपचाप चैम्बर से बाहर निकल जाता है। धीरे-धीरे दृश्य लोप हो जाता है।]

दृश्य-11

[मंच पर प्रकाश आता है। हुलहुलियों की बस्ती का दृश्य उभरता है। एक अल्पना बने चौकोर चबूतरे के ऊपर कई घंटियाँ टँगी हैं। एक थाली, गिलास रखा हुआ है। अरे, अथी, नान्ही सभी शोकाकुल बैठे हुए हैं। छोटे लामा आते हैं, चुपचाप बैठ जाते हैं थोड़े से फासले पर।]

छोटे लामा : सुना मैंने, दुःख हुआ। कैसे क्या हुआ अचानक? अभी कल ही उसे देखा था अमरूद की पत्तियों की छापवाली साड़ी में। जाकर खड़ा हो गया उसके पास। वह उँगलियों पर कुछ गिन रही थी। इशारे से उसने बताया कि वह मात्राओं को गिन रही है। मैंने पूछा भी कि यह कैसी मात्राएँ हैं। सुनकर हँसने लगी। कहा, सुर में यही मात्राएँ ले जाती हैं। मैं सुर में आने के लिए उन्हें गिन रही हूँ...।

अथी : कई दिनों से वह उदास थी। कम बात करती थी। जब वह उदास होती थी, हम उसे नदी के पास ले जाते थे। वह नदी देखती थी कि हरी हो जाती थी। इस बार जब हमने नदी पर चलने को कहा, वह बोली पैदल थोड़े जाऊँगी। हर बार पैदल जाना ठीक नहीं, देवता को दुःख होता है।

अरे : माँ ने रात में आवाज दी मुझे, यही कोई बारह-एक के बीच का समय रहा होगा। उठकर उसके पास गई। वह चिल्ला रही थी कि मुझे मत रोको, जाना है, मैं जाऊँगी। मैंने पूछा, कहाँ जाएगी। उसने कोई जवाब नहीं दिया। थोड़ी देर शान्त रही फिर उसने पुकारा मुझे। मेरा हाथ पकड़कर बोली, ले तुझे मैं अपनी आँखों की रोशनी देती हूँ। इसे ठीक से रखना, इसमें आगे के रास्ते हैं। उसके बाद उसकी आँखों के दोनों कोरों से दो बूँद आँसू ढुलके। चिल्लाकर मैंने उसके सिर को गोद में ले लिया। वह चली गई छोटे लामा...।

अथी : हमें तनिक भी इसका आभास नहीं था।

अरे : उसको चुपके से जाकर हम नदी में दे आए।

छोटे लामा : सुबह होने का इन्तजार नहीं किया! मुझे तो खबर करती...।

अथी : हम लोग डरे हुए थे।

छोटे लामा : काहे का डर?

अरे : नागरिक रजिस्टर में नाम दर्ज नहीं है। कोई यदि कहता कि नदी में प्रवाहित करने का कागज दिखाओ, उस वक्त मेरे पास कहने के लिए कुछ नहीं होता। यही डर था...।

छोटे लामा : कौन पूछता...कौन हृदयहीन...!

अरे : छोटे लामा, माँ को शहतूत बहुत पसन्द था। रास्ते के पेड़ में काले, लाल रंगोंवाले शहतूत लदे हुए थे। माँ सोए-सोए उसे देख रही थी। कहती थी कि तोड़कर एक ला दे मेरे लिए, एक चख तो लूँ, कब से नहीं चखा शहतूत। हाथ-भर दूरी पर था लेकिन मेरे पाँव आगे नहीं बढ़े...। हिम्मत नहीं हुई। मैं अकेले में जाकर खूब रोई सिसिक-सिसिक कर।

अथी : सुबह-सुबह बुलबुल को देखा शहतूत को चोंच में लेकर नदी की ओर जाते।

अरे : उसकी अन्तिम इच्छा एक चिड़िया ने पूरी कर दी, सगे ने नहीं, जिस सगे को उसने जीवन-भर अपने सीने से लगाए रखा। वह काम में नहीं आया और जिससे कभी का नाता नहीं था, वह...।

छोटे लामा : कैसे समझती है कि कोई नाता नहीं रहा होगा। तुझे वह अपनी आँखों की रोशनी दे गई है, उसे गीला मत कर, उसकी आत्मा को शान्ति दे...।

[छोटे लामा की भी आँखें भर आती हैं।]

अरे : छोटे लामा, नहीं...।

छोटे लामा : नहीं, इस उम्र में आँखों में ऐसे ही पानी आ जाता है।

अथी : पानी ले आऊँ, धुल लीजिए।

छोटे लामा : नहीं, नहीं, ठीक हो जाएगा अपने आप।

अरे : इतने वर्षों में पहली बार मैंने अपने को पराया महसूस किया।

छोटे लामा : तू परायी नहीं है। हम सब हैं तेरे साथ। कहलूकहाले रात-दिन तुम सभी के लिए एक किए हुए है। क्या वह सगे से कम है?

अरे : अभी तक आया नहीं।

छोटे लामा : आने ही वाला होगा। हो सकता है आज रात-बिरात पहुँच जाए। रोक लिया होगा उसका वह कलक्टर दोस्त उपान्त चोचे। दोनों कॉलेज में एक साथ थे।

अरे : कितना बड़ा पागल है, मोबाइल नहीं रखता। उसे कोई खबर करे तो कैसे करे। माँ गई, उसको बुला भी नहीं सकी।

छोटे लामा : आता है उसके कान पकड़ना।

अथी : अच्छा आदमी है। अपना-अपना-सा लगता है।

अरे : सच बोलता है, किसी से डरता नहीं। मैं कितना कुछ क्यों न कह दूँ, कभी बुरा नहीं मानता, खी-खी कर हँसता रहता है।

छोटे लामा : वह दूसरी ही मिट्टी का बना है।

[अथी घर के भीतर जाता है। अन्दर से एक केले के पत्ते में घुँघरू लेकर बाहर आता है। अरे के सामने घुँघरू बढ़ाता है।]

अथी : ले पहन ले।

[छोटे लामा चकित होकर देखते हैं।]

अरे : *(पैरों में घुँघरू बाँधते हुए)* घर से जब कोई हमेशा के लिए जाता है, हमें उसके लिए खेला करना पड़ता है। बच्चे बनकर। उसे साग, भात, खीर, मछली, पूड़ी, केला, डाभ, अमरूद परोसना होता है। वह उसका भोग लगाते हमारा नाच देखते हैं। जैसे-जैसे वह खुश होते हैं, वैसे-वैसे हमें आशीर्वाद देते हैं।

अथी : *(पैरों में घुँघरू बाँधकर)* हम खुश हैं, खुशी-खुशी उसको व्यंजन परोस रहे हैं, यह दिखना चाहिए। आँखों में आँसू नहीं।

छोटे लामा : व्यंजन सब बना लिया?

अरे : नहीं...।

छोटे लामा : रुपए मैं देता हूँ, ले आओ।

अरे : हम लोगों में सचमुच का नहीं देना पड़ता है। कल्पनाओं और संकेतों में देना होता है।

अथी : देने का अभिनय करना होता है।

छोटे लामा : फूल नहीं चढ़ाया जाता?

अरे : फूल नहीं तोड़ते। उसी पर स्वर्ग से आकर पूर्वज विराजते हैं। हम लोगों का खेल देखने के लिए, हमें नाचते हुए उन्हें सुनाना होता है।

[अरे गोल-गोल घूमती, गाते-गाते नाचने लगती है। नाचते हुए हवा में मुट्ठी बाँधती, ज़मीन पर झुककर उसे खोलती, व्यंजन परोसने का अभिनय करती है।]

अच्छे हैं हम, अच्छे हैं
बहुत अच्छे हैं
हाथों में हाथ लिये
गाते हैं, नाचते
इतना, इतना खिलाते हैं
इतना, इतना खाते हैं

खुशियाँ ही खुशियाँ हैं
हाथों से दोनों मोती लुटाते हैं
अच्छे हैं हम, अच्छे हैं
घर है, आँगन है
कुशल है, मंगल है
घूमते हैं, फिरते हैं
हँसते हैं, हँसाते हैं
पंछियों को भी मेवा खिलाते हैं
आशीष भरे हाथ तुम रखो सिर पर हमारे
हम बच्चे हैं
अच्छे हैं हम, अच्छे हैं।

[रोशनी मन्द हो जाती है। स्टेज के ऊपरी हिस्से के बायीं तरफ रोशनी चटक होती है जहाँ पंथा, चरनी समुझ खड़े हैं।]

चरनी : देखो, माँ मर गई उसकी, वह नाच रही है। कितनी खुश है...।

समुझ : अथी भी...।

पंथा : कितनी सुन्दर लग रही है अरी...! उसके नाक की लवंग, गहरी कजरारी आँखें, लहराते केश...कितना जानमारू है सब कुछ!

समुझ : हुजूर, देखिए नाचते हुए वह रो रही है।

पंथा : रो नहीं रही है, आँखों को नचा रही, पानी का छींटा भी मार रही है बीच-बीच में। मानो उमड़ते-घुमड़ते बादल बरस रहे हैं, वह आँखों से ऐसा दिखा रही है।

चरनी : लगता है अथी पिचकारी में रंग भरकर खड़ा है।

समुझ : क्या वह रंग डालेगा?

चरनी : देखिए हुजूर, अरे अपने हाथों से रंग अपने मुँह पर पोत रही है।

पंथा : सुन्दर लग रही है।

चरनी : कितनी खुश है।

पंथा : मेरी रानी बनेगी, पान कूचेगी।

समुझ : वह देखिए हुजूर, वह देखिए, अरे छोटे लामा का हाथ पकड़कर कैसे नाच रही है। छोटे लामा भी नाच रहे हैं।

चरनी : मैं तो समझती थी कि छोटे लामा बूढ़ा है लेकिन देखो, उसमें कैसे जवानी उफान मार रही है!

समुझ : बुढ़ाने का हिरिस है।

पंथा : रानी बनेगी, पान कूचेगी।

समुझ : छोट लामा रो रहे हैं।

चरनी : वह रो नहीं रहा है। बूढ़ा लोग अधिक उछल-कूद करेगा, आँख में पानी भर आता है। वह रोनेवाला पानी नहीं है।

समुझ : हुजूर, जो कहिए, छोटे लामा को अपनी उम्र का खयाल करना चाहिए था।

पंथा : रानी बनेगी, पान कूचेगी।

समुझ : हँस रहे हैं छोटे लामा।

चरनी : कुछ समझ में नहीं आ रहा है कि कौन हँस रहा है, कौन रो रहा है।

पंथा : रानी बनेगी, पान कूचेगी। रानी बनेगी, पान कूचेगी।

चरनी : लगता है लोग इधर ही आ रहे हैं।

पंथा : रानी बनेगी, पान कूचेगी।

[धीरे-धीरे दृश्य लोप हो जाता है।]

दृश्य-12

[मंच पर रोशनी आती है। जाकिटवाला की कोठी का दृश्य उभरता है। जाकिटवाला चहलकदमी करते हुए मोबाइल से बातें कर रहे हैं। मालकिन कोई किताब पढ़ रही हैं। थोड़ी दूरी पर बॉडीगार्ड कन्धे पर राइफल लटकाए खड़ा है।]

जाकिटवाला : एस, एस, टू प्लस फाइव, थ्री एक्स, ट्रिपल जीरो नाइन, टोरा, ख्रोरष्टी, प्राकृत, ब्राह्मी, हैस—समझ गए! अब अपना कोड लगाओ। खुल गया न! हाँ, देखो, नहीं, नहीं, हाँ, वही, थोड़ा और आगे जाओ। हाँ, वही जिसकी पत्तियाँ बल्ब की तरह जल रही हैं, बुझ रही हैं। हाँ, वही, नीली टहनियाँ हैं जिनकी...एस, एस, एक्जैक्ट। पता नहीं पर्यावरणविदों, कृषि वैज्ञानिकों, समाजशास्त्रियों को मालूम है कि नहीं मगर हुलहुलियों को पता है। आश्चर्य है। हाँ, उससे वे टॉर्च का काम लेते हैं। हाँ, हाँ, मेरे सम्पर्क में हैं। डिटेल नहीं कह सकता। रखो, रखो, हुलहुलिया आ रहा है।

[अथी आता है, खूँटी में टँगे मुखौटे को उतार अन्दर जाने लगता है कि इशारे से अपने पास बुलाते हैं जाकिटवाला।]

जाकिटवाला : वह किस पेड़ का पत्ता है जिससे रोशनी जुग-जुग करती है?

अथी : जोइका।

जाकिटवाला : यहाँ के जंगलों में वे पेड़ हैं?

अथी : बहुत।

जाकिटवाला : ले आएगा?

अथी : क्या करेंगे सर?

जाकिटवाला : हाथ में लेकर देखेंगे। लाइट जाने पर उसका इस्तेमाल करेंगे।

अथी : वह काम नहीं करेगा।

जाकिटवाला : क्यों?

अथी : वह हाथ पहचानता है।

जाकिटवाला : *(हँसते हुए)* ऐसी कौन-सी खूबी है जो तुम्हारे हाथों में है, मेरे हाथों में नहीं है?

अथी : हम डॉक्टर हैं उसके।

जाकिटवाला : तू डॉक्टर है?

अथी : सभी हुलहुलिया पेड़ और पानी के डॉक्टर हैं। हम उनके रोग को पहचानते हैं, उसका इलाज करते हैं। यह हमारा खानदानी काम है।

जाकिटवाला : तुम्हें कैसे मालूम कि कौन बीमार है और कौन नहीं?

अथी : जंगल में घूमने से मालूम हो जाता है। बीमार पेड़ों से गन्ध आती है, स्वस्थ पेड़ों से अलग। हम उसके पास पहुँच जाते हैं। उनकी पत्तियों और छाल को देखकर इलाज करते हैं।

जाकिटवाला : क्या कोई दवा छिड़कता है उन पर?

अथी : नहीं, दवा तो उस पेड़ के भीतर रहती है। रोग जहाँ है, वहाँ उसे भेज देते हैं। वह ठीक हो जाता है।

जाकिटवाला : कैसे भेजता है?

अथी : कहलूकहाले को पेड़ के पास ले जाकर दिखाया था। वह किताब में छापेगा।

जाकिटवाला : उसके हाथों में वह रोशनीवाला पत्ता दिया कि नहीं?

अथी : कोई फायदा नहीं था, फिर भी जिद करके वह अपने हाथों में लिया। रोशनी नहीं निकली।

जाकिटवाला : पानी का इलाज, उसका रोग कैसे पकड़ता है?

अथी : रंग छोड़ता है पानी। हम समझ जाते हैं। उसके भीतर रोग है। स्वस्थ पानी भी उसी पानी में रहता है, उससे हम जोड़ देते हैं उसे कि रोग खत्म।

जाकिटवाला : हमें दिखाएगा?

अथी : आप बड़ा आदमी है, कैसे देख पाएगा? छाती-भर पानी में खड़ा होना पड़ता है। दस मीटर तक पानी में आना-जाना पड़ता है। सौ बार, फिर उस पानी को अंजलि में लेकर उसका रंग देखना पड़ता है। रंग से हम पकड़ लेते हैं कि ठीक हो गया पानी कि नहीं।

जाकिटवाला : तुम हुलहुलिया पेड़ और पानी का इलाज करता है इतना, उसका फीस कौन देता है?

अथी : फीस काहे का! फीस के लिए थोड़ो इलाज करता है। परिवार के आदमी से कोई फीस लेता है?

जाकिटवाला : वे तुम्हारे परिवार के लोग हैं?

अथी : पुरखे हैं हमारे।

जाकिटवाला : कल रात किसकी मृत्यु हो गई?

अथी : अरे की माँ चली गई।

जाकिटवाला : बीमार थी?

अथी : सोच का रोग था। सोच का रोग खतरनाक होता है। चली गई, अच्छा हुआ। रास्ते के अँधेरे से बच गई। उसने जोइका के पत्ते को हाथ में लेना छोड़ दिया था।

जाकिटवाला : तुम्हारी कौन लगती थी?

अथी : लगती तो कोई नहीं थी लेकिन सगी से बढ़कर थी। रास्ते में हम मिल गए थे। छोटे थे तब। बाप था, माँ नहीं। बाप बाद में आँधी में कहीं बिला गया। उसने मुझे बड़ा किया।

जाकिटवाला : तू भी हुलहुलिया है?

[अथी स्वीकारात्मक सिर हिलाता है।]

जाकिटवाला : तुम लोगों का धर्म क्या है?

अथी : हुलहुलिया।

जाकिटवाला : किस भगवान की पूजा करता है?

अथी : हवा।

जाकिटवाला : हवा? सम्प्रदाय, जाति...।

अथी : हुलहुलिया।

जाकिटवाला : तू ईसाई है, मुसलमान है, हिन्दू है, क्या है?

अथी : हुलहुलिया।

जाकिटवाला : तू सब बांग्ला भी बोलता है न?

अथी : हम घुमन्तू लोग कई बोली बोलता है। आदमी तो बोली में ही मिलता है न!

जाकिटवाला : तुम्हारी बोली?

अथी : हुलहुलिया। अपनी बोली, अपने में बोलता है। दूसरा कौन समझेगा हुलहुलिया?

जाकिटवाला : वह जो मरी, उसे जलाया कि दफनाया?

अथी : नदी में डालकर आ गया। सर, किसी को बोलना नहीं।

जाकिटवाला : डरता है?

[चुप्पी]

जाकिटवाला : हम हैं न, डरने की बात नहीं, जा, भीतर जा।

[अथी मुखौटा हाथ में लेकर नेपथ्य में चला जाता है।]

मालकिन : कुछ समझ में आया?

जाकिटवाला : नास्तिक है।

मालकिन : मैं नास्तिक-आस्तिक की बात नहीं कर रही।

जाकिटवाला : मैं समझा नहीं।

मालकिन : उसकी बातों में कुछ दिखाई पड़ा?

[जाकिटवाला चकित भाव से मालकिन को देखते हैं।]

जाकिटवाला : यही कि उसका कोई धर्म बोलकर नहीं है।

मालकिन : और?

जाकिटवाला : दयनीयता के अलावा कुछ नहीं।

मालकिन : दयनीयता कहाँ दिखी! इतने बड़े बिजनेसमैन हैं आप, क्या बिजनेस नहीं दिखा?

जाकिटवाला : बिजनेस!

मालकिन : बिना पूँजी के इतना बड़ा बिजनेस दुनिया में दूसरा नहीं हो सकता। ठीक से मैनेज करना यदि आ गया तो अपने हाथों में आ जाएगी कुबेर की सम्पदा और सृष्टिकर्ता की शक्ति भी।

जाकिटवाला : *(आश्चर्यचकित होकर)* मालकिन क्या कह रही हैं आप!

मालकिन : ठीक कह रही हूँ। देश और दुनिया में जल-जंगल के संरक्षण पर अरबों-खरबों खर्च हो रहे हैं। उन्हें बचाने के लिए अत्याधुनिक तकनीक का सहारा लिया जा रहा है। दवाइयों का प्रयोग हो रहा है, उसके साइड इफेक्ट से नए-नए विकार पैदा हो रहे हैं। पर्यावरणविद चिन्तित हैं, वैज्ञानिक चिन्तित हैं, यदि पानी और जंगल मर गए तो पृथ्वी बिना जीव के हो जाएगी। ऐसे में यदि आप दुनिया को यह मैसेज दें कि बिना किसी औषधि, बाहरी तकनीक के जंगल-पानी को बचाया जा सकता है। हमने ढूँढ़ लिया है पानी के भीतर पानी का इलाज, पेड़ के भीतर पेड़ का इलाज। दुनिया आपकी ओर देखेगी, आपकी सुनेगी। आरती उतारेगी। पैसा बरसेगा...।

जाकिटवाला : *(खुशी से उछलते हुए)* इतनी दूर तो निगाह गई ही नहीं। चमत्कार, चमत्कार मालकिन...।

मालकिन : थोड़ा धैर्य रखिए।

जाकिटवाला : और क्या कहना, सुनना, बस, दिख गया।

मालकिन : फिर नहीं दिखा। कहलूकहाले किताब लिख रहा है।

जाकिटवाला : जी, जी...किताब...कहलूकहाले...।

मालकिन : लय में बोलिए न!

[जाकिटवाला लय में बोलते हुए नाचने लगते हैं गोल-गोल।]

क से किताब
क से कबूतर
क से कागज
क से कहलूकहाले, कहलूकहाले...।

[धीरे-धीरे दृश्य लोप हो जाता है।]

दृश्य-13

[मंच पर प्रकाश आता है। दूर से धीमे स्वर में सारंगी के बजने की आवाज सुनाई पड़ रही है। कहलूकहाले के साथ छोटे लामा कमरे में बैठे हुए हैं।]

कहलूकहाले : छोटे लामा!
निरर्थक शब्द थे वे
नहीं था उनसे कोई रागात्मक सम्बन्ध कभी
भूल से चला गया था
चुभे हुए तीर को बाहर निकाल
रुधिर को अपने अनदेखा कर।
भूल से हुआ था जलती हुई लौ में
लीला का प्रदर्शन
बढ़कर उठा सकता था, हाथ के पास था
वह उठाएगा, खड़ा हो जाएगा पास—
सोचना भूल थी।
कुछ था, मुझे स्मृति नहीं उसकी, कुछ तो था सम्मोहक
उसी ने मोड़ दिए चरण मेरे अपनी ओर
हम ठगे से रह गए देखा जब उसे।
कोई नहीं था, कोई नहीं था आस-पास—

अपने सिवाय
फिर कहता हूँ नगर की हँसी से ढकी हैं चीखें अनेक...।

छोटे लामा : समझता हूँ
सब समझता हूँ
मृत्यु के लिए नहीं बना है मनुष्य
पृथ्वी की आयु मिले उसे
जल की मिले आयु
लेने नहीं दे रहा उसे कौन, जानता हूँ
वही क्षीण कर रहा है अपना और मनुष्यों का जीवन
मनुष्य कहीं मनुष्य के लिए बन्द करता है द्वार अपना!
कहीं बाँटता है—
धरती की देह को अलग-अलग कर!
मनुष्य ही देवता है और देवता के लिए ठीक नहीं-
यह सब
यही तो धँसा है गहरे में कहीं तुम्हारे भीतर
समझता हूँ...

[अरे आती है। छोटे लामा को झुककर प्रणाम करती है।]

अरे : *(कहलूकहाले को देखते हुए)* कब आए?

कहलूकहाले : देर रात हो गई थी। मुझे रास्ते में सब मालूम हुआ। माँ स्वस्थ थी, अचानक...।

[चुप्पी]

कहलूकहाले : कैसे, हठात्...।

अरे : वह चली गई। छोटे लामा आ गए। दु:ख का पता ही नहीं चला।

छोटे लामा : आना ही था...कैसे नहीं आता...।

अरे : आपको नचा दिया न!

कहलूकहाले : क्या!

छोटे लामा : सही कह रही है। कर्मकांड का बहिष्कार करनेवाला यह बौद्ध भिक्षु कर्मकांड का हिस्सा बनकर नाचता रहा पकड़कर अरे का हाथ।

अरे : आपको दुःख पहुँचा, इसके लिए क्षमा चाहती हूँ। शोक में भूल गई आचार-विचार।

छोटे लामा : नहीं, कोई दुःख नहीं। शान्ति का अनुभव हुआ मुझे। भीतर बैठी मलिनता धुल गई। पवित्र हो गई काया। ऋणी हूँ। तुमने मुझे आत्मा की शान्ति के लिए जहाँ खड़ा किया, वहाँ मुझे बुद्ध के दर्शन हुए।

[कहलूकहाले प्लेट में अन्दर से खिरनी लाकर छोटे लामा और अरे की ओर बढ़ाता है।]

कहलूकहाले : लीजिए, इस फल का स्वाद बाज़ार में उपलब्ध फलों से भिन्न है।

छोटे लामा : यह नीम की फली है?

अरे : नहीं, यह खिरनी है। खिरनी है न!

कहलूकहाले : हाँ, खिरनी ही है।

[सभी खाते हैं]

अरे : अब कहीं जाने में कोई भय नहीं। माँ थी, उसी को लेकर चिन्ता थी।

कहलूकहाले : तू कहीं नहीं जा रही है।

छोटे लामा : तुम गए थे जिला मुख्यालय, वहाँ क्या बात हुई?

कहलूकहाले : वे सवालों से भागते हैं। सुनना नहीं चाहते।

छोटे लामा : क्यों?

कहलूकहाले : पता नहीं।

छोटे लामा : उपान्त चोचे से नहीं मिला...जिलाधिकारी है।

कहलूकहाले : मिला था। उसी की बात कर रहा हूँ।

छोटे लामा : वह तो तुम्हारा दोस्त है।

[चुप्पी]

कहलूकहाले : उसी के यहाँ ठहरा था। अब वह, वह नहीं रह गया जो कभी हुआ करता था। कुछ और है।

अरे : तुम हमें लेकर अपने को इतना हलकान मत करो।

कहलूकहाले : मैं तुम्हें लेकर कहाँ हलकान हो रहा हूँ। मुझे मेरे भीतर बैठा इनसान हलकान करता है। वह चुपचाप बैठने नहीं देता। सच से आँख फेरकर जीने नहीं देता। मैं उसकी सुनता हूँ।

छोटे लामा : सौभाग्यशाली हो तुम।

कहलूकहाले : पता नहीं, मगर मैं अपने भीतरवाले इनसान के साथ जीना चाहता हूँ। माथा उठाकर।

छोटे लामा : अधिकांश लोग उसे मार देते हैं जब उसके काम में वह टाँग अड़ाता है।

कहलूकहाले : क्या उन्हें आप जीवित मानते हैं?

[चुप्पी]

कहलूकहाले : जिला मुख्यालय से लौटने के बाद मुझे लगा कि यह अधिकारियों के स्तर की बात नहीं है। शुद्ध राजनीतिक है।

छोटे लामा : जाकिटवाला से फिर एक बार मिलना चाहिए।

कहलूकहाले : उनका रुख कुछ नरम लगता है।

छोटे लामा : वे चाहेंगे, हो जाएगा। बड़े आदमी हैं।

कहलूकहाले : बड़ा आदमी बिना स्वार्थ के कुछ नहीं करता। कुछ करने के बदले में कुछ-न-कुछ चाहेगा और मेरे पास देने के लिए क्या है!

छोटे लामा : उनके पास कोई कमी नहीं है किसी चीज की। वह अपने यश के लिए करेंगे।

कहलूकहाले : निश्चय ही उनका यश बढ़ेगा।

छोटे लामा : विनम्रता से बात करना।

कहलूकहाले : समय उनसे लीजिए।

छोटे लामा : वसन्तोत्सव के खेला के बाद मिलना ठीक होगा। अभी तो उसमें व्यस्त होंगे।

कहलूकहाले : नहीं, पहले मिलना चाहिए।

[छोटे लामा जाने के लिए उठते हैं कि उनके पीछे अरे भी जाने लगती है। अरे को पीछे से कहलूकहाले पुकारता है। वह उसके पास में आकर खड़ी हो जाती है।]

कहलूकहाले : *(जेब से एक डिब्बा निकालकर बढ़ाते हुए)* ले, यह तेरे लिए कान के बुनके हैं। सूने कान अच्छे नहीं लगते।

[अरे कहलूकहाले को देखती कि दृश्य लोप हो जाता है।]

दृश्य-14

[मंच पर रोशनी आती है। पखावज की आवाज़ नेपथ्य से रह-रहकर आती है। आईने के सामने पंथा सज-सँवर रहा है। आँखों में काजल डाल रहा है, होठ रँग रहा है। दरवाज़े पर बाहर घुँघरू की आवाज के साथ दस्तक होती है।]

पंथा : आ जाइए, दरवाज़ा खुला हुआ है।

[दो सूत्रधार कमर और पैरों में घुंघरू धारण किए आते हैं।]

पंथा : विराजिए, कोठी का सिपाही सपरिवार पूर्वाभ्यास देखने के लिए आया था। मेरे आदमियों ने अन्दर आने से मना कर दिया। कहा कि परसों वसन्तोत्सव के दिन नाटक देखिएगा, ठीक किया न!

सूत्रधार-1 : ठीक किया, इससे उत्सुकता बनी रहेगी।

सूत्रधार-2 : उत्सुकता जगाए रखने का खेला है हमारा।

पंथा : सर भी यही चाह रहे हैं कि लोगों में उत्सुकता बनी रहे।

सूत्रधार-1 : लेकिन नाटक में रानी जब नींद से जगती है, कुछ बुझी-बुझी-सी दिखती है। रनिवास में लौड़िन, चेरी, दास-दासियों

को मालूम होता है, राजा तक खबर पहुँचती है। राजा चिन्ता में पड़ जाता है कि आज तक मुस्कुराते हुए रानी नींद से बाहर आती रहीं, अचानक यह क्या हो गया! राजा रानी को लेकर विकल हो गया। राजवैद्य आते हैं, तांत्रिक आते हैं, पंडित-ज्ञानी आते हैं मगर कोई रानी के होठों पर मुस्कुराहट नहीं ला सका। अन्त में एक कवि आता है। वह बताता है कि हे राजन, रानी के भीतर की उत्सुकता सोई हुई है, उसे जगाना होगा। रानी जग गई, उत्सुकता सोई रह गई। उसे मैं जगा सकता हूँ।

सूत्रधार-2 : राजा ने कहा कि फिर देर किस बात की, जगाओ उत्सुकता।

सूत्रधार-1 : राजा कवि को चुप देख, थोड़ा नजदीक आया। आत्मीय स्वर में बोला—वसन्तोत्सव आज है। रानी प्रस्फुटित होते फूलों को देखेंगी, तभी तो खेला शुरू होगा। विलम्ब ठीक नहीं कवि महाशय! हर चाहना आपकी पूरी होगी। हाथी, घोड़ा, मोती, माणिक, सोना, हीरा, सब उपहार में मिलेगा। नर्तकी भी मिलेगी। साथ में दास-दासिन भी।

सूत्रधार-2 : कवि ने विनम्र स्वर में जवाब दिया, राजन, मन में उपहार की लालसा नहीं है। दिखता है जो मुझे, उसे अन्य को दिखाने का कोई मूल्य नहीं। उत्सुकता जगाने का कोई मूल्य नहीं। यह तो हमारा धर्म है।

सूत्रधार-1 : राजा बोला, तब हिचक कैसी?

सूत्रधार-2 : कवि ने हिम्मत जुटाकर कहा कि राजन जैसे ही मैं रानी की सोई उत्सुकता जगाऊँगा कि रानी मेरा हाथ पकड़कर राजमहल से बाहर चली जाएँगी, बाहर, मुक्त हवा में, और वह मुझे चूमने लगेंगी और मैं भी...।

सूत्रधार-1 : राजा यह सुनकर तलवार खींच लेता है। वह कवि पर वार करने के लिए उठाता है कि रानी तलवार पकड़ लेती है।

पंथा : बस, यहाँ रुकिए। सर, चाहते हैं कि तलवार उठी है, तो चलनी चाहिए।

सूत्रधार-2 : लेकिन कवि की ताकत के आगे राजा की ताकत नहीं चलती।

पंथा : कवि की ताकत कैसी? वह तो फकीर है, उसकी क्या ताकत?

सूत्रधार-1 : रानी कवि की ताकत है।

पंथा : वह राजा की ताकत है।

सूत्रधार-2 : नहीं, रानी राजा की कमजोरी है, ताकत नहीं।

पंथा : रानी कवि की ताकत कैसे हो सकती है जिसने पहली बार देखा।

सूत्रधार-1 : यह वसन्तोत्सव के दिन खेला देखने आए दर्शकों पर छोड़िए। उन्हें सोचने दीजिए।

पंथा : मुझे भय लगता है, कहीं सर कुछ और न सोच लें। हम उन्हें खुश करने के लिए नाटक कर रहे हैं जिससे कि उनकी उदारता देखने को मिले।

सूत्रधार-2 : उत्सुकता से उदारता पैदा होती है।

सूत्रधार-1 : उत्सुकता जगाने के लिए मन को समझाना होगा।

पंथा : मन को समझाने के लिए क्या करना होगा?

सूत्रधार-2 : थोड़ा स्पेस देना होगा।

पंथा : उससे क्या होगा?

सूत्रधार-1 : मन रीझ जाएगा।

पंथा : किस पर?

सूत्रधार-2 : जिसका मन जिस पर आ जाए उस पर।

पंथा : मन बदला नहीं जा सकता?

सूत्रधार-1 : मन बदलने के लिए ही तो हम नाटक कर रहे हैं।

पंथा : लेकिन तलवार...।

सूत्रधार-2 : उसका कुछ नहीं किया जा सकता।

पंथा : रानी?

सूत्रधार-1 : वह तलवार चलने नहीं देगी।

पंथा : यहीं आकर, सर की ओर ध्यान जाता है।

सूत्रधार-2 : ध्यान रानी की ओर रहना चाहिए।

पंथा : रानी पान कूचेगी, यह जोड़ा जा सकता है?

सूत्रधार-1 : मेल नहीं बैठता।

पंथा : मेल बैठाना पड़ेगा। रानी पान कूचेगी, उसके होंठ लाल होंगे, लोग देखकर खुश होंगे। सर लोगों में खुशी पैदा करने के लिए वसन्तोत्सव का रंगारंग आयोजन करते हैं हर साल। बड़े-बड़े लोग आते हैं—राजनेता, फिल्मी दुनिया के लोग, बिजनेसमैन। हेलीकॉप्टर की धूल उड़ती रहती है भर दिन। हम हर साल भालू का मुखौटा पहनकर बिटिया रानी के सामने सिर मटकाते हैं। हँसाते हैं उसे।

सूत्रधार-2 : आप भालू बनते हैं?

पंथा : भालू बनकर आदमी कहाँ से कहाँ पहुँच गया। राजा बन गया।

सूत्रधार-2 : फिर तो आपको भालू की ही भूमिका करनी चाहिए।

पंथा : मालकिन चाहती है कि नाटक भी करूँ।

सूत्रधार-1 : मालकिन!

[समुझ, चरनी चाय लेकर आ रहे हैं।]

चरनी : मैं भी नाटक में काम करती...। मेरा नाम काटकर अरे का नाम लिखा दिया गया।

सूत्रधार-1 : अरे कौन है?

चरनी : हुलहुलिया है।

पंथा : वह रानी का रोल करती, ऐन वक्त पर उसकी माँ का इन्तकाल हो गया।

सूत्रधार-2 : उसने कभी नाटक में काम किया है?

पंथा : कर लेती। सुन्दर है, बोलने में तेज है। अच्छे के साथ रहेगी रानी बनकर पान कूचेगी।

सूत्रधार-1 : आपको उसकी चिन्ता हो रही है!

पंथा : दर्शकों की चिन्ता है।

सूत्रधार-2 : आपको उसकी नहीं, सर की चिन्ता है।

सूत्रधार-1 : नहीं, उनकी भी नहीं।

सूत्रधार-2 : तब किसकी?

सूत्रधार-1 : अपनी, इन्हें अपनी चिन्ता है।

सूत्रधार-2 : जिसे अपनी चिन्ता नहीं होती, वह क्या होता है?

सूत्रधार-1 : आईना, आईना यानी दर्पण।

सूत्रधार-2 : आईने में हर कोई अपने को देखता है, आईने को कोई नहीं।

सूत्रधार-1 : आईना हर किसी को देखता है, उसे कोई नहीं देखता। देखने का भ्रम होता है।

[दोनों सूत्रधार खड़े हो जाते हैं गाते हुए नाचने लगते हैं।]

हम आ गए बने-ठने
बारह जनों में बचे हैं दुइ जने।
दुइ जने, दुइ जने
हम आ गए बने-ठने
सूरत मेरी जो देखे
वह सूरत देखे अपनी
मैं अपने को देखूँ उसमें
वह अपने को देखे मुझमें
कितनी सूरत, कितनी उम्र पहना-वहना
बिना झुके, बिना तने
हम आ गए बने-ठने, ठने-बने
बारह जनों में बचे हैं दुइ जने।

[धीरे-धीरे दृश्य लोप हो जाता है]

दृश्य-15

[मंच पर रोशनी आती है। हुलहुलियों की बस्ती का दृश्य उभरता है। नान्ही के दरवाज़े पर कहलूकहाले, पंथा, समुझ, चरनी सभी खड़े हैं। बेढंगे पहनावे में नान्ही इधर-उधर उछल रही है। अनाप-शनाप बक रही है। उसके केश खुले हुए हैं। मुँह पर रंग पुता हुआ है। अरे, अथी उसको सँभालने में लगे हुए हैं।]

नान्ही : *(अथी से मुखातिब होकर)* मुझे कागज की साड़ी पहननी है। डिल्ली जाना है। वहाँ दिखाना है। घूम-घूमकर दिखाना है। अरे! तू ला दे, ला दे मेरी सुग्गी, मेरी तोती, ला दे...। तू ही तो है एक जो मेरी सुनती है। आँखों से भी सुनती है। यहाँ कोई आँखों से नहीं सुनता। कानों से भी नहीं सुनता।

अरे : ठीक है, ठीक है। चल थोड़ा आराम कर ले फिर बाजार जाएँगे शाम में।

[नान्ही दौड़कर कहलूकहाले के पास आती है।]

नान्ही : तू ला दे न कागज की साड़ी। अरे नहीं सुनती। बोलता क्यों नहीं? नहीं ला सकता! तू भी नहीं लाएगा?

कहलूकहाले : ला दूँगा। अभी जाकर लाता हूँ। अभी थोड़ा कुछ खा ले। सुना है तूने कल से कुछ नहीं खाया। खा ले। तुझे लेकर चलेंगे बाजार।

नान्ही : सच कह रहा है न!

कहलूकहाले : तो क्या तुझसे झूठ बोलूँगा!

नान्ही : कागज की साड़ी दो नहीं, चार लाना और एक अरे के लिए। कुल पाँच।

अथी : चुप कर।

नान्ही : तू चुप कर।

अरे : तू चल कुछ खा ले। तू नहीं खाएगी, मैं भी नहीं खाऊँगी। चल, भीतर चल।

नान्ही : *(कहलूकहाले की ओर देखते हुए)* तुझे भूख लगती है? नहीं लगती। तुझे एक हैट दे दूँगी, उसे पहनेगा, भूख लग जाएगी। वह हैट मेरा मर्द बनाता है। औषधीय पत्तों का हैट। दो दिनों से जंगल में ही है। जानता है तू, एक बार एक हलवाई ने मजाक-मजाक में उस हैट को पहन लिया कि अपनी दुकान की सारी मिठाइयाँ बैठे-बैठे खा गया। ग्राहक मुँह देखते रह गए। क्या, पहनेगा हैट?

[नान्ही हँसने लगती है।]

अरे : ऐसे क्या कम दूसरे का भेजा खाता है कि तू उसे हैट दे रही है।

कहलूकहाले : कभी तेरा भेजा खाया?

अरे : मेरे भेजे में छटाँक-भर भी गूदा नहीं निकलेगा। चिड़िया के भेजे के बराबर है मेरा भेजा। उड़ान भरनेवाला भेजा।

[छोटे लामा आते हैं। नान्ही दौड़कर जाती है उनके पास।]

नान्ही : छोटे लामा, आ गए। बहुत अच्छा, देखो, बादलों को दोनों हाथों से सँभाले रखना। देखना वे बरसने न पाएँ। मेरी कागज

की साड़ी भीग जाएगी। मुझे डिल्ली जाना है। डिल्ली जाना है छोटे लामा।

[अरे पत्तों का एक गुच्छा लेकर आती है। नान्ही को सुँघाती है। उसके माथे के चारों ओर घुमाती है। धीरे-धीरे नान्ही शान्त हो जाती है। अरे कमरे में लेकर उसे लेटा देती है। पंथा, समुझ, चरनी चले जाते हैं।]

अथी : *(छोटे लामा से मुखातिब होकर)* रात से ही अनाप-शनाप बक रही है। पेड़ से, घर से, रास्ते से बात करती रही। कभी हँसती थी, कभी रोती। बस, एक ही रट लगा रखी है कि कागज की साड़ी लाओ, बड़ी कागज की साड़ी ले आओ। हमें उसे पहनना है। डिल्ली जाना है दिखाने के लिए। मुझे दिखाना है अपना कागज। अरे उसको शान्त कराने में लगी हुई थी। वह भी नहीं सोई। कोई हुलहुलिया नहीं सोया। सब उसको घेरकर बैठे थे कि कहीं कुछ कर न बैठे। माथा गर्म हो गया है उसका। पागल हो गई है...।

कहलूकहाले : वह ठीक हो जाएगी। पहले भी कभी ऐसा दौरा पड़ा था?

अथी : नहीं, कभी नहीं। वह तो बहुत ही हँसमुख और समझदार है। कभी घबड़ाती नहीं, अचानक हुआ यह सब।

कहलूकहाले : किसी से कुछ कहा-सुनी तो नहीं हुई?

अथी : न, न, वह झगड़ा करनेवालों में नहीं है। झगड़े से भागती है। कोई उस पर मैला भी फेंक दे, चुप रहती है। इतनी सीधी है।

कहलूकहाले : यही तो रोना है। तुम लोग प्रतिकार नहीं करते।

अथी : क्या मतलब?

कहलूकहाले : कुछ नहीं।

[अरे कमरे से बाहर आती है।]

कहलूकहाले : वह सो गई?

अरे : हाँ!

कहलूकहाले : तुम लोग भी कुछ खाकर आराम करो।

अरे : मैं तेरे से नाराज हूँ।

कहलूकहाले : अब क्या किया मैंने?

अरे : अथी बताएगा।

अथी : मुझे क्यों ढकेलती है अपनी लड़ाई में।

अरे : *(नजदीक जाकर उत्तेजित स्वर में)* तू क्या बोलता है कि हुलहुलिया की आबादी बढ़नी चाहिए। पचास से सौ, सौ से पाँच सौ, पाँच सौ से पाँच हजार, पाँच हजार से पाँच लाख की जनसंख्या बढ़नी चाहिए। यह तू इसलिए कहता है जिससे उनकी तकलीफों को बड़े पैमाने पर देख सके। उनको जब भगाया जाए तो तू उन्हें गिरते-पड़ते, बिलखते देखकर हँस सके और उन्हें धिक्कार सके यह कहते हुए कि इन हुलहुलियों का अपना कोई ठिकाना है नहीं और ऊपर से इतने बच्चे जन्मा दिया। बुद्धिहीन, जानवर से बदतर हैं हुलहुलिया। यही है न तेरी मंशा?

कहलूकहाले : तू क्या बोल रही है, समझ रही है! इतने दिनों से तुम लोगों के बीच हूँ और मेरी मंशा पर शक कर रही है?

छोटे लामा : अरे, तुझे ऐसा नहीं बोलना चाहिए। तुम लोगों की आबादी बढ़नी चाहिए, यह हमेशा बोलता है। उसके बोलने के पीछे परिवार की मंगलकामनाएँ हैं। सुख, समृद्धि की मंगलकामनाएँ हैं। परस्पर प्रेम, सौहार्द की मंगलकामनाएँ हैं। सबल होने की मंगलकामनाएँ हैं। संस्कृति और सद्भाव की मंगलकामनाएँ हैं। दीर्घायु होने की मंगलकामनाएँ हैं।

कहलूकहाले : इसको बोलने दीजिए छोटे लामा। ऐसे ही बोलती रहती है। जब तक आहत नहीं करेगी, इसे अच्छा नहीं लगेगा।

अरे : गलती भी करेगा, बोलेगा भी।

कहलूकहाले : क्या गलती किया?

अरे : फिर बोला!

कहलूकहाले : देखिए छोटे लामा, यह बोलने तक नहीं देती।

छोटे लामा : जब अरे तुमसे लड़ती है तो उसका प्यार तुझ पर टपकता

रहता है। अद्‌भुत है।

अरे : *(हड़बड़ाते हुए)* हम अन्दर जा रहे हैं। नान्ही के पास। न जाने कब उसकी नींद टूट जाए। सँभालने वाला कोई चाहिए न।

[अरे के साथ अथी भी निकल जाता है।]

छोटे लामा : नान्ही बस ठीक हो जाए...मानसिक यंत्रणा से बाहर आ जाए...यही चाहता हूँ। अब और दुःख नहीं।

कहलूकहाले : छोटे लामा, रोग से लड़ने के पहले उसके आतंक से आदमी दम तोड़ देता है। डर पैदा करना, अच्छी बात नहीं। इससे दुनिया में मानसिक रोग बढ़ रहा है। स्थिति की गम्भीरता सोचता हूँ कि नींद उचट जाती है। कमरे में टहलने लगता हूँ।

छोटे लामा : दूसरी बात करो। हम जब मिलते हैं, ऐसी ही बात करते हैं।

कहलूकहाले : हम साधारण लोग हैं छोटे लामा। अपने आस-पास से उठते धुएँ के बारे में मुँह से बात निकल ही जाती है। धुआँ आँखों में लगता है। नान्ही की हालत देखकर भीतर से मैं काँप गया।

छोटे लामा : उसे देखकर मैं भी थोड़ी देर के लिए विचलित हो गया।

कहलूकहाले : अरे की माँ को गए अभी दस दिन भी नहीं हुए कि नान्ही की यह हालत हो गई...। सोचता हूँ शहर ले जाकर उसे डॉक्टर को दिखा दूँ एक बार। आप चलेंगे साथ।

छोटे लामा : चलने को चल सकता हूँ लेकिन उसका इलाज हमारे खयाल से डॉक्टरी से अधिक उसके पास बैठकर उसे समझाना और सँभालना है। उसके भीतर के भय को बाहर निकाल फेंकना है। भीतर उम्मीद पैदा करने की जरूरत है कि तुम्हारा यहाँ उतना ही अधिकार है जितना मेरा। तुम्हें कोई हाथ पकड़कर बाहर नहीं कर सकता।

कहलूकहाले : अश्वासन...!

छोटे लामा : देना पड़ेगा।

कहलूकहाले : अश्वासन देने का नहीं, जमीन पर उसे उतारने का समय है।

छोटे लामा : प्रयास तो कर रहे हो।

कहलूकहाले : लेकिन वह पर्याप्त नहीं है।

छोटे लामा : जाकिटवाला से मेरी बात हो गई है।

[कोठी का सिपाही आता है।]

सिपाही : कहलूकहाले जी, आपको सर ने तीन-चार बजे के बीच में बुलाया है विमर्श हेतु।

कहलूकहाले : ठीक है।

[सिपाही चला जाता है।]

छोटे लामा : लो सन्देशा आ गया। जैसे भी हो जाकिटवाला को मना लो। फिर कहता हूँ कि उनके चाहने भर की देर है।

कहलूकहाले : देखिए।

छोटे लामा : *(कलाई में बँधी घड़ी देखते हैं)* ढाई बजने को हैं। निकलता हूँ। तुम्हें भी निकलना है, अब समय कहाँ है।

[छोटे लामा कहलूकहाले के सिर पर हाथ फेरते हैं। धीरे-धीरे दृश्य लोप हो जाता है।]

दृश्य-16

[मंच पर प्रकाश फैलता है। जाकिटवाला की कोठी का दृश्य उभरता है। बरामदे में बिछी कुर्सियों के आस-पास तरह-तरह के फूलों के गमलों को सजाया जा रहा है। कोठी के भीतर से जाकिटवाला के साथ कहलूकहाले बाहर आता है। प्रणाम करने के बाद प्रस्थान कर जाता है। जाकिटवाला प्रसन्नचित्त मुद्रा में नाच-से उठते हैं और दीवाल पर टँगे फ्रेम बँधे एक फोटो को माला पहनाते हैं जिसमें कोई तस्वीर नहीं दिखती। उपान्त चोचे आते हैं। थोड़ी दूर पर आकर खड़े हो जाते हैं। जाकिटवाला की निगाह उन पर पड़ती है। वे एक माला उपान्त चोचे के गले में डाल देते हैं। उपान्त चोचे अवाक् देखते हैं, माला को हाथ से छूते हैं।]

उपान्त चोचे : सर, सर...।

जाकिटवाला : बैठिए, बैठिए जिलाधिकारी महोदय। आप सोचते होंगे कि यह माला मुझे किस खुशी में। खुशी है, आपकी कार्यकुशलता की खुशी। जिस तरह आप जनहित में कार्य कर रहे हैं, वह प्रशंसनीय है। जनता और सरकार के बीच की कड़ी

होते हैं अधिकारी। उनकी भूमिका अहम है। आप ईमानदार, विवेकवान, सहृदय तथा जनसमुदाय को अन्नदाता समझ कर उसका सम्मान करनेवालों में हैं। माला के योग्य हैं। दूसरी माला जिसको मैं पहनाता हूँ, वह साधारण नहीं, असाधारण प्रतिभा का होता है। आप बता सकते हैं कि दीवाल पर टँगे किसके फोटो पर मैंने माल्यार्पण किया?

उपान्त चोचे : *(दीवाल पर टँगी तस्वीर गौर से देखते हुए)* सर, फ्रेम में कोई फोटो दिख नहीं रहा है।

जाकिटवाला : एस, फोटो फ्रेम में नहीं, मेरे मन में है और जब माला पहनाने के लिए हाथ ऊपर करता हूँ कि मन की छवि फ्रेम में उतर जाती है। वह मुझे दिखती है, दूसरे को नहीं। ऐसी होनी चाहिए चाहना, ऐसी होनी चाहिए भक्ति। छवि प्रदर्शन के लिए नहीं होनी चाहिए।

उपान्त चोचे : जी सर, आपके पास जब भी आता हूँ मेरी बौद्धिक सम्पदा बढ़ जाती है। सीखता रहता हूँ आपसे बहुत कुछ।

जाकिटवाला : *(मेज पर पड़ी फाइल को थमाते हुए)* इसे ध्यान से देखना है और करने के योग्य बनाना है, इसकी कमी को पूरा करना है। यह कैसे होगा, उसकी योग्यता आप में है।

उपान्त चोचे : *(फाइल को उलटते हुए)* जी सर, कहलूकहाले इसी को लेकर परेशान था। मैंने भगा दिया था उसे।

जाकिटवाला : उसको जानते हैं आप?

उपान्त चोचे : मेरे साथ पढ़ता था।

जाकिटवाला : इधर ही रहता है कहीं पिछड़ी बस्तियों की ओर। सम्भवत: किराएदार है।

उपान्त चोचे : सर।

जाकिटवाला : यह मेरा काम है। इसे होना है, इसे ध्यान रखिएगा। मैं किसी कहलूकहाले को नहीं जानता।

उपान्त चोचे : जी सर!

[मालकिन आती हैं।]

मालकिन : उपान्त चोचे जी, आपकी सर्विस अभी कितने दिन है?

उपान्त चोचे : कुछ साल है मैडम।

मालकिन : कुछ साल में आप तो बूढ़े हो जाएँगे। नौकरी में क्या रखा है। आपकी प्रतिभा इंडस्ट्री चलाने की है।

उपान्त चोचे : नहीं, मैडम उसके योग्य...।

मालकिन : आप सोचते होंगे कि पूँजी, इन्फ्रास्ट्रक्चर, यह सब कहाँ से आएगा। सब हो जाएगा। मन बनाइए। आपकी योग्यता बड़े काम करने के लिए बनी है।

उपान्त चोचे : जी, जी, मैडम! आपका आशीर्वाद।

जाकिटवाला : यह आप नहीं जानते होंगे कि जंगल और पानी बिना किसी बाहरी तकनीक के बचाया जा सकता है और उन्हें रोगमुक्त किया जा सकता है।

उपान्त चोचे : कैसे सर?

जाकिटवाला : उनके शरीर के भीतर जहाँ रोग है वहीं थोड़ी दूरी पर दवा भी है उसकी। दवा को रोग से जोड़ देने पर रोग खत्म हो जाता है। पानी और जंगल को इस तरह अमरत्व प्रदान किया जा सकता है। न कोई पेड़ मरेगा, न कोई जलाशय सूखेगा।

उपान्त चोचे : यह नया वैज्ञानिक शोध आया है?

मालकिन : यह सर का शोध है।

उपान्त चोचे : सर, यह पूरे विश्व के लिए बड़ी खबर है। उसे नया ऑक्सीजन मिल जाएगा।
आप को आशीषेंगे—
जीव-जन्तु
चर-अचर जितने हैं ब्रह्मांड में
सभी वे जीवित उठेंगे—
सौ सालों के बाद भी
जिनकी मृत्यु हुई थी
ऑक्सीजन की कमी से असमय में।
धन्य हैं आप—

प्राण वायुदाता,
धन्य हैं आप।
मेरा मन बोल रहा है कि
पूर्वजन्म में आप ही थे भगीरथ
आपने ही उतारा था गंगा को—
पृथ्वी पर।

जाकिटवाला : नहीं, ऐसा मत कहो
मैं नहीं,
ईश्वर कर रहा है
यह कार्य
माध्यम बनाकर मुझे
निमित्त मात्र हूँ मैं
मत दो श्रेय
नहीं है यह उचित समय
थोड़े दिन और रखो धैर्य।

उपान्त चोचे : जी सर!

मालकिन : सर ने एक और महत्वपूर्ण कार्य किया है, आपको मालूम है?

उपान्त चोचे : नहीं, मैडम!

जाकिटवाला : ऐसे नहीं बताएँगे। वसन्तोत्सव के खेला के दिन जब पुस्तक का लोकार्पण होगा तब खुद देखेंगे। आगे से कुछ नहीं। आपको जो काम दिया, मैं उसे हुआ मान लूँ?

उपान्त चोचे : जी सर, मान सकते हैं।

[उपान्त चोचे जाने के लिए उठता है कि इशारे से जाकिटवाला अपने पास बुलाते हैं। अन्दर कमरे में ले जाते हैं। तनिक देर में मुस्कुराते हुए उपान्त चोचे निकलते हैं और जाकिटवाला को नमस्कार कर चले जाते हैं। पंथा आता है।]

जाकिटवाला : आओ पंथा, आओ। पूर्वाभ्यास अच्छा ही चल रहा होगा।

पंथा : जी सर!

जाकिटवाला : कोई असुविधा तो नहीं है न!

पंथा : जी नहीं, सर! लेकिन कवि पर उठी तलवार को रानी पकड़ लेती है, चलने नहीं देती। सूत्रधार कहता कि उसे बदला नहीं जा सकता। बदलने से उत्सुकता खत्म हो जाएगी। सर...!

जाकिटवाला : उत्सुकता खत्म नहीं होनी चाहिए। जैसा सूत्रधार उचित समझें, उन्हें करने दीजिए।

पंथा : लेकिन सर, आपने पहले कहा था...।

जाकिटवाला : उसे भूल जाइए। सूत्रधार जो कहते हैं, उसे ध्यान में रखिए। दिमाग अधिक दौड़ाने की जरूरत नहीं। आपके दिमाग को बड़े-बड़े काम करने हैं।

पंथा : सर, मैं नाटक में राजा की भूमिका कर रहा हूँ।

जाकिटवाला : वेरी गुड!

मालकिन : रानी?

पंथा : मर्दाना रोल कर रहा है। अरी को करना था...।

मालकिन : हाँ, हाँ, उसकी माँ का शोक...।

जाकिटवाला : कहलूकहाले कल शाम में आया था। देर तक रहा।

पंथा : उसके पास तो एक ही एजेंडा है हुलहुलिया...।

जाकिटवाला : इसमें बुरा क्या है?

पंथा : जी सर, लेकिन वह सब घुसपैठिया है। वह घुसपैठियों का वकील बना हुआ है।

जाकिटवाला : यह शोध का विषय है कि कौन क्या है?

मालकिन : सर ने दुनिया भर में लुप्त प्रायः हो रही जातियों पर शोध किया है। उसे उपन्यास का रूप दिया है। प्रकाशक आज आकर स्क्रिप्ट ले जाएगा और वह वसन्तोत्सव के खेला के दिन छापकर ले आएगा। उसी दिन उसका लोकार्पण होगा।

पंथा : *(आह्लादित होकर)* मैडम, मैडम...। यह किसी को नहीं मालूम...सर ने इतना बड़ा काम किया...कहलूकहाले डींग हाँक रहा था कि वह यह लिख रहा है, वह लिख रहा है...।

मालकिन : ऐसा मत कहो। वह भी लिखता होगा। जितने लोग लिखें, उतना अच्छा।

जाकिटवाला : हाँ, मैं कह रहा था शोध का विषय है। पहले नहीं, बाद में मालूम हुआ कि हुलहुलिया यहाँ के मूलवासी हैं। मूलवासी का नाम यदि छूट गया किसी कारणवश, वह दर्ज होना चाहिए नागरिक रजिस्टर में।

मालकिन : सर ने प्रमाण दिया और वह दर्ज हो जाएगा।

जाकिटवाला : हो जाएगा नहीं, हो गया समझो।

पंथा : सर, असम्भव, सम्भव हो गया। हुलहुलिया को प्राणवायु मिल गई। छोटे लामा भी बहुत खुश होंगे सुनकर। नाच जाएगा हुलहुलिया।

मालकिन : इतना ही नहीं, सर ने हुलहुलियों को रहने के लिए अच्छा घर भी बनाने का आदेश दे दिया है। वसन्तोत्सव के खेला के दिन भूमि पूजन भी होगा।

पंथा : घर?

मालकिन : घर ही नहीं, सभी को नौकरी भी। सभी हुलहुलियों को। हमारे जल-संरक्षण फाउंडेशन में सभी करेंगे काम। राजा, रानी की तरह रहेंगे।

पंथा : मैडम, मैं अरे को कहता था कि रानी बनेगी, पान कूचेगी। कही हुई बात कैसे सच हो गई। आप लोग भगवान हैं, जिस पर खुश हो गए कि उसका दिन बहुर गया।

जाकिटवाला : अरे अच्छी है?

पंथा : बहुत अच्छी है सर!

[खूँटी में टँगे भालू के मुखौटे को उठाकर जाकिटवाला पंथा के हाथ में थमाते हैं।]

जाकिटवाला : पंथा जी, इसे पहनकर सिर को मटकाकर बोलिए जो अरे के प्रति आपके दिल में उद्गार है।

[पंथा मुखौटा पहनकर सिर मटकाते हुए गाता है।]

पंथा : अरे अच्छी है, बहुत अच्छी, अरे अच्छी है, बहुत अच्छी।
रानी बनकर, पान कूचेगी...रानी बनकर, पान कूचेगी।
राज करेगी
तोता-तोती कुतरेंगे पके आमों को—
पत्तों में छुपकर
बरसेंगे, उमड़-घुमड़ बादल
रुक-रुककर
बजेगी बाँसुरी, बजेगी
अरे जब धरेगी पाँव मेरे आँगन में
रानी बनेगी, पान कूचेगी
राज करेगी...।

[धीरे-धीरे दृश्य लोप हो जाता है।]

दृश्य-17

[मंच पर प्रकाश आता है। कहलूकहाले के दरवाज़े पर पुलिस के चार नौजवान खड़े हैं। पुलिस अधिकारी कहलूकहाले से पूछताछ कर रहा है।]

पुलिस अधिकारी : हाँ, तो मिस्टर कहलूकहाले आप बता रहे थे कि मैं ऐसे किसी व्यक्ति को नहीं जानता जो मोचङा बजाकर लोगों को इकट्ठा करता है?

कहलूकहाले : मेरा कोई उससे सम्बन्ध नहीं, यह मैंने कहा।

पुलिस अधिकारी : यानी आपका सम्बन्ध नहीं है, मुलाक़ात है!

कहलूकहाले : मुलाक़ात है।

पुलिस अधिकारी : अभी आपने कहा कि सम्बन्ध नहीं है।

कहलूकहाले : हाँ, सम्बन्ध नहीं है। सम्बन्ध होना और मुलाक़ात होना दो अलग चीजें हैं। उन्हें एक मत कीजिए।

पुलिस अधिकारी : मैं एक नहीं कर रहा हूँ। मुलाक़ात के बारे में आप बता रहे थे...।

कहलूकहाले : मैं एक पहाड़ी गाँव से गुजर रहा था। शाम हो गई थी। बस के इंजन में गड़बड़ी की वजह से ड्राइवर ने गाड़ी किनारे लगा दी और सवारियों से कहा कि बस आगे नहीं जा सकेगी। हमें बताया गया, दूसरी बस लगभग घंटा-भर बाद

आएगी। मैं बस की प्रतीक्षा करने लगा। इतने में मोचङा की आवाज़ कानों में गूँजी। लगा कि कहीं आस-पास से ही आवाज़ आ रही है। थोड़ी देर में देखता हूँ कि कई लोग अपने घरों से निकल एक पहाड़ी की ओर भागे जा रहे हैं। कौतूहलवश मैं भी चला गया उनके पीछे। थोड़ी दूर पर देखा कि एक नौजवान को लोग घेरकर खड़े हैं और उसके हाथ में मोचङा है। वह लोगों को सम्बोधित करने लगा।

पुलिस अधिकारी : वह क्या कह रहा था?

कहलूकहाले : अपनी भाषा में कुछ कह रहा था। मुझे उसकी भाषा नहीं आती।

पुलिस अधिकारी : हाव-भाव से कुछ तो लगा होगा।

कहलूकहाले : तकलीफ और गुस्सा दोनों मिले हुए थे।

लगता था
कि पाकर असहाय
लूट ली गई है अस्मत
बहु-बेटियों की
प्रतिकार में उठी—
आवाज़ों पर पड़ी है
चाबुक की मार
बच्चे, जवान, बूढ़े
जंगल में छुपे हैं बचाकर प्राण
हाँ, ऐसा ही लगा
देखकर उसकी आँखें।

पुलिस अधिकारी : फिर आप उससे मिले?

कहलूकहाले : मैं नहीं, भीड़ छँटने पर वह मुझसे लपककर मिला।

पुलिस अधिकारी : बिना पूर्व परिचय के?

कहलूकहाले : परिचय तभी उससे हुआ।

पुलिस अधिकारी : उसके बाद उसने आती हुई गाड़ी रोककर उसमें तुम्हें बिठाया और चालक से कहा कि इन्हें इज्जत के साथ ले

जाना। कोई दिक्कत नहीं होनी चाहिए।

कहलूकहाले : जी! यही कहा था।

पुलिस अधिकारी : पहली मुलाकात थी वह?

कहलूकहाले : जी!

पुलिस अधिकारी : सोचनेवाली बात यह है कि एक अनजान व्यक्ति के लिए कोई ऐसा क्यों करेगा?

कहलूकहाले : लेकिन उसने ऐसा किया। आदमी, आदमी के लिए करता है—जब देखता है मुश्किल का समय।

पुलिस अधिकारी : आप उसे अच्छा आदमी कह रहे हैं।

कहलूकहाले : मेरे साथ उसने जो व्यवहार किया, उसके आधार पर अच्छा ही कहूँगा।

पुलिस अधिकारी : आपका मोबाइल नम्बर नोट नहीं किया?

कहलूकहाले : मैं मोबाइल नहीं रखता।

पुलिस अधिकारी : फिर दुबारा मुलाकात नहीं हुई?

कहलूकहाले : नहीं।

पुलिस अधिकारी : पिछले महीने किसी आदिवासी गाँव में गए थे आप?

कहलूकहाले : मैं जाता रहता हूँ। इतना सब आप क्यों पूछ रहे हैं? क्या मेरे नाम से किसी ने शिकायत दर्ज की है?

पुलिस अधिकारी : नहीं, सन्देह पुलिस भी कर सकती है, ऐसा समझिए। वह मोचङा बजानेवाला युवक नक्सलवादी है। एरिया कमांडर है। उसके पीछे हमारा कैमरा घूम रहा है। आपकी छवि उसी कैमरे में दिखी। उसी ने मुझे आपके पास आने को विवश किया।

कहलूकहाले : मुझे कुछ नहीं पता था वह क्या है...?

पुलिस अधिकारी : नहीं होगा, मानता हूँ। फिर भी आप एक लेखक हैं, आपको सजग रहना चाहिए। यह नक्सल एरिया है। अब जिनका घर है यहाँ उनका यहाँ रहना मजबूरी है, वे यहाँ से भाग नहीं सकते। बाहर के आदमी पर तरह-तरह की बात उठती है।

कहलूकहाले : आप मुझे जाने के लिए कह रहे हैं?

पुलिस अधिकारी : एक शुभचिन्तक के नाते अपनी भावना को आपके सामने

मैंने रखा। पुलिस अधिकारी के नाते नहीं। मैं क्यों कहूँगा आप जाइए कि रहिए।

कहलूकहाले : आपके लिए चाय बनाता हूँ।

पुलिस अधिकारी : नहीं, नहीं, धन्यवाद। अब मैं चल रहा हूँ। आपको थोड़ी परेशानी हुई, क्या करें कहलूकहाले, साहब डियुटी तो करनी पड़ती है।

[पुलिस अधिकारी कहलूकहाले से हाथ मिलाता है कि धीरे-धीरे दृश्य लोप हो जाता है।]

दृश्य-18

[मंच पर रोशनी आती है। हुलहुलिया में उल्लास की लहर है। अरे, अथी को सँवार रहे हैं मेकअप मैन। कोठी के दो सेवक उनके परिधान को हाथों में लेकर खड़े हैं।]

अरे : *(लहँगे को देखते हुए)* मैं इतना भारी नहीं पहन सकती। कभी पहना नहीं ऐसा।

सेवक-1 : पहनकर देखो, बहुत फबेगा। मालकिन ने स्वयं तुम्हारे लिए यह चुना है। इसमें सोने की जरी का काम है।

अरे : अपना कपड़ा पहनना है मुझे। यह नहीं। यह तो नौटंकी कम्पनी का कपड़ा लगता है। मुझे नाचना नहीं है।

सेवक-2 : नाचना थोड़ो है। किताब हाथ में लेना है और अपने हाथ से सर के हाथों में वह किताब दे देनी है, बस।

अरे : किताब ही न थम्हाना है, थम्हा देंगे, इसमें कपड़ा क्या बदलना।

अथी : मालकिन ने दिया है। नहीं पहनेगी, उन्हें दुःख नहीं होगा क्या?

अरे : *(मुँह बिचकाते हुए)* हुँह!

अथी : हम कपड़े अपने लिए नहीं, दूसरों के लिए पहन रहे हैं।

उनका मन रखने के लिए। पहन ले, पहन ले।

अरे : *(लहँगा पहनते हुए)* जैसे हमारा कोई मन नहीं होता!

अथी : कहलूकहाले जब देखेगा बहुत खुश होगा।

अरे : उसको मैं पीटूँगी।

अथी : काहे को पीटेगी?

अरे : सब समझती हूँ। सब उसी की चाल है, अपने पीछे छिपकर, दूसरे को आगे कर दिया।

अथी : वह हमारे लिए क्या नहीं कर रहा है।

अरे : उसको मैंने कहा था यह सब करने लिए। कितना भारी है लहँगा।

अथी : आज तेरी माँ होती तो...।

अरे : कहलूकहाले को खोजती...। कितना मानती थी उसे।

सेवक-1 : मालकिन तुम लोगों को बहुत मानती हैं। कल ही किसी बात पर कह रही थीं कि हुलहुलिया मेरे अपने हैं। उनका सुख-दुःख, मेरा सुख-दुःख है।

अथी : मालकिन, मालकिन है।

अरे : पहले तो ऐसा नहीं था। कभी बात भी नहीं करती थीं।

अथी : मुझसे भी नहीं।

सेवक-1 : मालकिन मूडी हैं। जिस पर ढल गईं, ढल गईं।

सेवक-2 : मूडी नहीं, दूर दृष्टिवाली हैं। वह देख लेती हैं सात आसमान के ऊपर उड़नेवाले पंछियों को। पहचान लेती हैं कि उनमें कौन है ईश्वरी दूत। यूँ ही नहीं किसी पंछी को गोद में उठाकर अपने हाथों से चुगाएँगी—मोती-दाना!

सेवक-1 : मालकिन अरे का नाम लेकर बोली कि वह मेरी आँखों की पुतरी है।

अरे : मालकिन ने ऐसा कहा?

सेवक-1 : और क्या।

सेवक-2 : मालकिन ने तो यह भी कहा कि हुलहुलिया घूमनेवाली जाति है। उसे तो दुनिया-भर में घुमाएँगे। जंगलों में ले जाएँगे, नदियों, समुद्र-सागर में ले जाएँगे। पानी के जहाज से, कभी

हवाई जहाज से, कभी...।

अथी : जो जहाज आसमान में उड़ता है उस पर?

सेवक-1 : उस पर नहीं, तो क्या कागज के जहाज पर!

अरे : मुझे विश्वास नहीं होता।

अथी : मालकिन ने कहा है।

सेवक-2 : मालकिन नाप-तौलकर बोलती हैं। एक शब्द भी फालतू नहीं।

अथी : सुन रही है न!

अरे : मुझे डर लग रहा है।

अथी : अभी जहाज पर चढ़ी भी नहीं कि डर लगने लगा? देख, तेरी तरह मैं भी हूँ। मगर मैं कहाँ डर रहा हूँ।

अरे : तुझे कुछ बुझाता है!

अथी : क्या नहीं बुझाता?

अरे : जहाज से नहीं डर रही। तू नहीं समझेगा।

अथी : काहे?

अरे : कहलूकहाले कहाँ है?

अथी : कोठी में होगा, सभी कोठी में हैं। आज के दिन बाहर कौन होगा।

सेवक-1 : *(अरे की ओर देखते हुए)* पाँव में महावर रचा जाएगा अभी, जल्दी करो।

[पंथा आता है। उसके पीछे कोठी का सिपाही भी है।]

पंथा : अरे, जल्दी करो, जल्दी करो। लोग-बाग, साहेब, सूबा, हीरो, हीरोइन, नेता, नेताइन कब के चहुँप गए। अभी तक तुम लोग सज ही रहा है। मालकिन खोज कर रही हैं।

सिपाही : गाड़ी भेजा गया है तुम सबके लिए।

अरे : चार परग के लिए गाड़ी क्यों?

पंथा : तू नहीं न बूझेगी। कोठी का गेस्ट है आज तू सब। कोठी का गेस्ट पैदल थोड़ो जाएगा कोठी के अन्दर।

अथी : हम ठीक लग रहे हैं न पंथा जी?

पंथा : एकदम झकास।

अरे : और मैं?

पंथा : जिलाजीत, जिलाजीत।

अरे : जिलाजीत मायने?

पंथा : जिसने जिला को जीत लिया हो।

अरे : लेकिन मैं कहाँ जीती?

पंथा : बिना जीते हुए, कोठी की गाड़ी तुम्हारे लिए खड़ी है और खिदमत में मैं, मेरे साथ कोठी के अमला, फमला लगे हुए हैं। उसे अब जिलाजीत नहीं कहेंगे और क्या कहेंगे!

सेवक : हुजूर, तब अरे जी मिस बरड न हुई! मिस बरड कहिए। कोठी के सरकार की गाड़ी जिसके खिदमत में हो, वह बड़ी न हस्ती हुई।

अरे : यह क्या होता है?

पंथा : मिस वर्ल्ड यानी दुनिया जीत। इतना बूझो कि जोड़ नहीं भूमंडल में कोई तुम्हारा।

अरे : *(मुस्कुराते हुए)* कहलूकहाले कहाँ है?

पंथा : *(मुस्कुराते हुए)* कौन कहाँ है इतने बड़े मजमे में, कोई कैसे बताएगा। भूसे के ढेर में सूई ढूँढने जैसा है। कहीं होगा, सर ने जहाँ डियुटी लगाया होगा।

अरे : वह सर के यहाँ काम करने लगा?

पंथा : वह क्या है? क्या है वह? बड़े-बड़े काम करते हैं... कहलूकहाले की बात करती है...न नौ में, न तेरह में। क्या है उसकी औकात।

अरे : ऐसा क्यों बोलता है उसे? ऐसा बोलेगा, मैं नहीं जाऊँगी।

पंथा : *(घिघियाते हुए)* तू तो नाराज हो गई। अच्छा, गलती हो गई, नहीं कहूँगा। तू खुश हो जाएगी जब नाटक देखेगी। मैंने राजा की भूमिका अदा की है।

अरे : भालू का मुखौटा आज नहीं पहनेगा?

पंथा : सर का जो हुक्म होगा वही करूँगा। उनके हुक्म से ही नाटक में राजा बना हूँ।

अरे : राजा भी बनेगा, भालू भी?

सिपाही : *(मोबाइल हाथ में नचाते हुए)* फोन पर फोन आ रहा है। प्रोग्राम शुरू होनेवाला है। मंच पर अतिथि लोग बैठने जा रहे हैं। आदेश है कि गाड़ी में बैठो तुम लोग, जल्दी-जल्दी...।

[सेवक-1 अरे के जूड़े में बेला के फूलों की बेड़ी लगाता है। एक सेवक जूता पहनाता है, एक सेवक गाड़ी का गेट खोल रहा है...। धीरे-धीरे दृश्य लोप हो जाता है।]

दृश्य-19

[मंच पर प्रकाश फैलता है। कहलूकहाले कमरे की दीवार पर टँगी गांधी, लेनिन की तस्वीरों को कपड़े से साफ़ कर रहा है। छोटे लामा आवाज़ देकर कमरे में आते हैं। मेज़ पर किताबें बेतरतीब पड़ी हुई हैं।]

कहलूकहाले : *(दरवाज़ा खोलते हुए)* आइए, छोटे लामा, बैठिए। वसन्तोत्सव के खेला में जा रहे हैं?

छोटे लामा : तुम नहीं चलोगे?

कहलूकहाले : चलूँगा, लेकिन देर तक ठहर नहीं सकूँगा। हाजिरी लगाकर निकल जाऊँगा। मुझे बाहर जाना है छोटे लामा।

छोटे लामा : अचानक!

कहलूकहाले : एक शान्ति जुलूस में शामिल होना है। दुनिया-भर के ऐसे लोग उसमें शामिल हो रहे हैं जो चाहते हैं कि दुनिया में बिना देश का कोई भी न रहे। सभी का कोई-न-कोई देश हो और जो बिना देश के हैं उनके लिए दुनिया अपने-अपने देशों का दरवाज़ा खोल दे, जहाँ वे रहना चाहें, वे वहाँ रहें।

छोटे लामा : यह तो बड़ा काम है।

कहलूकहाले : मुझे अब इसी मिशन में बची हुई जिन्दगी देनी है छोटे लामा। यहाँ का काम तो लगभग हो ही गया। आपको पता ही चल

गया होगा कि हुलहुलिया का नाम नागरिक रजिस्टर में चढ़ गया। जाकिटवाला जी को इसका श्रेय जाता है। आप ठीक ही कहते थे बड़े आदमी हैं, सचमुच...।

छोटे लामा : क्या तुम उनकी पुस्तक के लोकार्पण में नहीं रहोगे?

[चुप्पी]

छोटे लामा : वृहद उपन्यास है। दुनिया की लुप्त प्राय: हो रही जातियों की अन्तरकथा है उसमें। जानते हो कौन लोकार्पण कर रहा है?

कहलूकहाले : कौन?

छोटे लामा : अरे।

कहलूकहाले : *(खुश होकर)* वेरी गुड, वेरी गुड। जाकिटवाला को बहुत-बहुत धन्यवाद।

छोटे लामा : तुम्हारी इच्छा उन्होंने पूरी कर दी और तुमने उनकी इच्छा। सही कह रहा हूँ न!

[चुप्पी]

छोटे लामा : उपन्यास के कथ्य के बारे में कुछ बताओ। कहाँ से शुरू है और कहाँ उसका अन्त होता है। मैंने सोचा यदि बोलना पड़े तो तुमसे पूँछ लू पहले। तुमसे बेहतर दूसरा कौन जानेगा?

[चुप्पी]

छोटे लामा : ठीक कह रहा हूँ न लेखक महाशय!

कहलूकहाले : ऐसा क्यों बोल रहे हैं छोटे लामा!

छोटे लामा : छोड़ो इन बातों को। यहाँ मेरे अलावा कोई दूसरा नहीं है। बताओ कि अपने को कितने में बेचा?

[चुप्पी]

छोटे लामा : तुम्हारे जमीर ने तुम्हें धिक्कारा नहीं। बड़ी-बड़ी बात बघार रहे थे। हुलहुलिया की तुम्हें बहुत चिन्ता थी न!

कहलूकहाले : हाँ, चिन्ता थी, चिन्ता...तभी तो...। मैं अपनी आँखों के

सामने उन्हें मरते हुए नहीं देख सकता। बहुत हो गया। अरे की माँ निष्कासित किए जाने के हदस में चली गई। इसी तरह लगातार तीन हुलहुलिया चले गए अचानक। अन्त में नान्ही आपके सामने पागल होकर मरी। इस बार अरे, अथी और बाकी हुलहुलिया की बारी थी। मैं उन्हें मौत के मुँह में कैसे जाने देता!

छोटे लामा : क्या उन्हें बचाने का दूसरा रास्ता नहीं था, जिसके लिए तुम्हें इतनी बड़ी कीमत चुकानी पड़ी? संघर्ष तो कर ही रहे थे। तुम्हें अपने संघर्ष पर विश्वास नहीं था?

कहलूकहाले : संघर्ष एक सतत् प्रक्रिया है। अभी तो उनकी ज़िन्दगी को बचाने की बात थी। देर हो जाती।

छोटे लामा : तुम्हारे इतने दिनों का काम...। मुझसे तो कहा भी नहीं जा रहा है। तुम क्या हो...! तुम्हें क्या हो गया?

कहलूकहाले : लिखने का अर्थ है कि लिखे हुए शब्दों की आवाज़ दुनिया के कोने-कोने में पहुँचे, वह पहुँच रही है। क्या फ़र्क़ पड़ता है कि किसके माध्यम से पहुँच रही है।

छोटे लामा : कोई फ़र्क़ नहीं पड़ता?

कहलूकहाले : फ़र्क़ तो तब पड़ता जब लिखे हुए में कोई रद्दो-बदल होता।

छोटे लामा : तुम उस किताब को देखना नहीं चाहोगे?

कहलूकहाले : क्यों नहीं? जाकिटवाला को बधाई भी दूँगा कि उन्होंने एक हुलहुलिया से उसका लोकार्पण करवाया। छोटे लामा, मैं यह सोचकर खुश हूँ कि हुलहुलिया के होंठों पर स्वाभाविक मुस्कुराहट दौड़ गई। वे डरे-सहमे नहीं हैं। वे अब अपने घर में पराये होकर नहीं रहेंगे। उनके पास अब अपना मौलिक अधिकार होगा हमारी-आपकी तरह। पक्ष और विरोध में अपना मत दे सकते हैं और वह सब कर सकते हैं जमीन पर अपने सपनों को उतारने के लिए जो आज तक उन्होंने नहीं किया।

छोटे लामा : जब असलियत अरे जानेगी, अथी जानेगा, उन पर क्या बीतेगी?

कहलूकहाले : छोड़िए इन बातों को छोटे लामा। आप हैं, मैं हूँ, दोनों मिलकर सँभाल लेंगे।

छोटे लामा : मुझसे उम्मीद मत करो।

कहलूकहाले : आपसे ही मेरी उम्मीद है। कोई समझे न समझे मगर मुझे समझते हैं आप। ऐसा मत कहिए।

छोटे लामा : बता कैसे कहूँ?

[चुप्पी]

कहलूकहाले : तुम्हारा फोटो मुझे चाहिए।

छोटे लामा : मेरा फोटो? क्या करेंगे?

कहलूकहाले : बुद्ध के पास रखेंगे।

छोटे लामा : कहलूकहाले..., न...न...आपके पैर पड़ता हूँ, ऐसा मत कहिए।

कहलूकहाले : नहीं भी देगा, क्या फर्क पड़ेगा, तू मेरी प्रार्थना में रहेगा...।

[पुलिस अधिकारी कुछ कांस्टेबिलों के साथ आता है। दरवाज़े पर दस्तक देता है।]

कहलूकहाले : कौन हैं? आ जाइए खुला हुआ है।

[पुलिस अधिकारी अन्दर आता है। कांस्टेबिल बाहर रहते हैं।]

पुलिस अधिकारी : मिस्टर कहलूकहाले माफ कीजिएगा, फिर आना पड़ा।

कहलूकहाले : जी, कहिए।

पुलिस अधिकारी : *(गांधी, लेनिन की तस्वीर को देखते हुए)* आप गांधीवादी भी हैं, मार्क्सवादी-लेनिनवादी भी?

कहलूकहाले : दोनों क्रान्तिकारी हैं। लेनिन की इज्जत करता हूँ। गांधी का अनुयायी हूँ।

पुलिस अधिकारी : *(हँसते हुए)* आज के समय में गांधी का अनुयायी होना आसान है क्या मिस्टर कहलूकहाले? आप जितनी सरलता से कह रहे हैं, उतनी सरलता से मैं कैसे मान लूँ।

कहलूकहाले : सच कह रहे हैं आप, थोड़ा मुश्किल तो है गांधीजी का अनुयायी होना मगर उतना मुश्किल भी नहीं कि आदमी चाहे और न चल सके उनके बताए पथ पर।

पुलिस अधिकारी : हर चीज चाहने से हो जाती है, मैं इसे नहीं मानता।

कहलूकहाले : इसके लिए आप स्वतंत्र हैं।

पुलिस अधिकारी : नहीं, नहीं, मैं मजाक कर रहा था। आप गांधी के अनुयायी हैं। आपसे हम अपेक्षा रखते हैं कि आप सत्य बोलेंगे, मिथ्या नहीं।

कहलूकहाले : बिल्कुल।

पुलिस अधिकारी : (जेब से टॉर्च को निकालकर दिखाते हुए) पहचानिए इस टॉर्च को। यह आपका ही है न!

कहलूकहाले : (टॉर्च को इधर-उधर घुमाकर देखते हुए) हाँ, हाँ, यह मेरा ही टॉर्च है। यह देखिए, यह देखिए, इस पर मेरा नाम खुदा हुआ है।

पुलिस अधिकारी : आप ही का है, पक्का!

कहलूकहाले : हाँ, हाँ, मेरा ही है। आपको खुदा हुआ अपना नाम भी दिखा दिया। क्या आपको यकीन नहीं आ रहा है?

पुलिस अधिकारी : यकीन मुझे आ गया। यह जानकर तसल्ली हुई कि आपने अपनी चीज पहचान ली। अब आपको आश्चर्य होगा कि यह मेरे पास कैसे आया?

कहलूकहाले : नहीं, आश्चर्य नहीं। असल में एक दिन गश्त लगाते दो कांस्टेबिल लोग आए थे। मेरे पास आकर उन्होंने कुछ पूछताछ की थी। उस क्रम में इसे उठाकर चलते बने। मैंने उन्हें याद भी दिलाया कि टॉर्च मेरा है। उन्होंने कहा, जानता हूँ। मैं समझ गया कि उन्हें इसकी आवश्यकता होगी। इस सदाशयता के लिए धन्यवाद कि आप मेरा टॉर्च मुझे वापिस करने आए हैं।

पुलिस अधिकारी : जी नहीं, बात दूसरी है। यह टॉर्च नक्सलवादियों की मुठभेड़ में मिला है। कई नक्सली मारे गए, कुछ हमारे साथी भी शहीद हुए। यह टॉर्च नक्सलियों के हाथ में था कि पुलिस

के, यह गहन जाँच का विषय है। वैसे नक्सलियों की लाश के पास से मिला है यह।

कहलूकहाले : लेकिन मैंने सच्चाई बताई न आपको।

पुलिस अधिकारी : आप बता रहे हैं, मैं सुन रहा हूँ। लेकिन मुझे बताने से काम नहीं चलेगा। आपको मेरे साथ थाने चलना होगा। कुछ अधिकारी आपसे पूछताछ करेंगे। उन्हें यदि आपका उत्तर सन्तोषजनक लगेगा तो फिर आप बरी हैं।

कहलूकहाले : आपको मेरे कहे पर...।

पुलिस अधिकारी : मेरे विश्वास करने, न करने का प्रश्न ही कहाँ उठता है।

छोटे लामा : सच यही है जो कहलूकहाले कह रहे हैं। जिस दिन पुलिस टॉर्च उठाकर ले गई, इन्होंने मुझे बाद में बताया था।

पुलिस अधिकारी : जब आपकी गवाही की जरूरत महसूस होगी, हम आपको याद करेंगे लेकिन अभी तो इन्हें थाने चलना होगा मेरे साथ।

छोटे लामा : आज वसन्तोत्सव का खेला है कोठी में। आपको मालूम ही होगा।

पुलिस अधिकारी : जी, मालूम है। समारोह पूरी रात चलेगा। हम भी उसमें इनवाइटी हैं। हमारे साहेब, सूबा सभी वहाँ हैं। थाने में देर थोड़ी लगेगी। थोड़ी पूछताछ होगी फिर यदि कहलूकहाले साहेब बरी हो जाएँगे तो हम अपनी जीप से यहाँ लाकर छोड़ देंगे। कपड़े वगैरह बदलना चाहें, बदल लीजिए कहलूकहाले साहेब!

कहलूकहाले : पहने हुए हूँ, चलिए। जल्दी छोड़ दीजिएगा, मुझे एक शान्ति जुलूस में जाना है।

पुलिस अधिकारी : *(मुस्कराते हुए)* शान्ति जुलूस!

कहलूकहाले : जी!

पुलिस अधिकारी : अभी थाने तो चलिए।

छोटे लामा : मैं भी चलता हूँ।

कहलूकहाले : नहीं, छोटे लामा। आपके जाने की जरूरत नहीं। आप समारोह में जाइए। हुलहुलिया आपको देखते हैं, उन्हें शक्ति मिलती है, उन्हें अपने पर भरोसा बढ़ जाता है।

[कहलूकहाले छोटे लामा को देखते हुए बाहर निकलता है। छोटे लामा उसके जाने के बाद दीवाल पर टँगे गांधी, लेनिन के फोटो को गौर से देखते हैं। फिर कहलूकहाले की कुर्सी पर बैठते हैं। खूँटी पर टँगे कहलूकहाले के झोले को उतार कंधे पर टाँगते हैं कि नेपथ्य से नान्ही की आवाज़ आती है।]

...छोटे लामा, शान्ति जुलूस में जा रहे हैं? तुम्हारा असली नाम क्या है छोटे लामा? तुम्हारा घर कहाँ है? क्या तुम्हारा भी घर घरों के बीच घेरा गया है? तुम भी मेरी तरह गृहहारा हो? गृहहारा हो छोटे लामा?

[छोटे लामा चौंकन्ना होकर इधर-उधर देखते हैं। नान्ही की हँसी सुनाई पड़ती है, वह देर तक गूँजती है। धीरे-धीरे रोशनी विलुप्त हो जाती है।]